自由的你
是山间嬉戏的小溪

《作文与考试》杂志社 选编

时代文艺出版社

图书在版编目（CIP）数据

自由的你是山间嬉戏的小溪 /《作文与考试》杂志社选编. -- 长春：时代文艺出版社，2021.6
（青春美文精品集萃丛书. 自由的你系列）
ISBN 978-7-5387-6650-9

Ⅰ.①自… Ⅱ.①作… Ⅲ.①作文－中小学－选集 Ⅳ.①H194.5

中国版本图书馆CIP数据核字(2021)第068733号

自由的你是山间嬉戏的小溪
ZIYOU DE NI SHI SHANJIAN XIXI DE XIAOXI

《作文与考试》杂志社　选编

出 品 人：	陈　琛
责任编辑：	李荣鉴
装帧设计：	孙　利
排版制作：	隋淑凤

出版发行	时代文艺出版社
地　　址：	长春市福祉大路5788号　龙腾国际大厦A座15层　（130118）
电　　话：	0431-81629751（总编办）　0431-81629755（发行部）
网　　址：	weibo.com/tlapress（官方微博）　sdwycbsgf.tmall.com（天猫旗舰店）
开　　本：	880mm×1230mm　1/32
字　　数：	135千字
印　　张：	7
印　　刷：	三河市嵩川印刷有限公司
版　　次：	2021年6月第1版
印　　次：	2021年6月第1次印刷
定　　价：	36.00元

图书如有印装错误　请寄回印厂调换

编 委 会

编委会主任：刘翠玲　夏野虹　高　亮

编　　委：钟　平　彭　宇　张　引
　　　　　于智博　高明燕　苗　与
　　　　　李　跃　关晓星　那继永
　　　　　沈　洋　隋元明

Contents 目　录

倾听·爱

给父亲 / 王雪妍 002
今世的五百次回眸 / 韩　茜 005
那秋·那情·那人 / 王安琪 008
妈妈的味道 / 桑艺萌 012
柳树的情怀 / 仇　宇 015
走，我们回家 / 王雪妍 018
父爱系在结中间 / 韩　笑 024
父亲和母亲之间 / 李琳琳 026
寂静 / 陈秀秀 029
手 / 孙楚乔 032
我在乎的那双眼睛 / 肖　以 034
倾听·爱 / 朱彦文 038
烟雾缭绕的日子 / 彭菁霖 042
我的太阳 / 刘逸婷 044
父亲的鼾声 / 王希月 046
感谢你，陪我一路走过 / 慕现婷 048
依稀记得的阁楼 / 李宇涵 051
守候 / 张薇薇 054

一颗沙粒对风的情意 / 纪 丹 057

清茶之爱 / 庄 莹 059

不会变的是母亲掌心的温度 / 安 欣 063

让自己奔跑起来

我和书一起孤独 / 李晓阳 066

飞翔 / 仇 宇 069

那段有火烧云的时光 / 刘宇珊 072

珍贵的掌声 / 刘子悦 075

让自己奔跑起来 / 许雪菲 078

追风 / 苏 马 080

由喝彩联想到的 / 刘宇珊 084

执着——生命的化妆 / 方敏娜 087

近未来 / 蒙 骁 091

月色正明 / 贝璐芳 095

写给自己的骊歌 / 李宇涵 097

月有清辉 / 仇 宇 100

我要这样活 / 王向上 102

用尽一生去远方 / 夏 廉 105

听雨 / 王黎冰 107

走过风雨 / 李桥风 110

拥抱阳光

寻找丢失的花朵 / 何杨凡 114
放弃，也是一种美丽 / 明晓蕾 117
让我走近你 / 金 炯 120
花与果 / 姜 慧 123
感恩泥土 / 仇 坤 127
倾听岁月的跫音 / 余维欣 129
风雨中，我触摸到生命的芬芳 / 周 敏 132
故乡的回声 / 吴艺洲 135
茶如人生 / 杜海森 137
冬日里的秋 / 刘秀美 139
有一种美叫残缺 / 周 颖 142
生命的韧性 / 仇 宇 144
美的画卷 / 莫雨佳 148
秋思 / 胡 笳 151
依然 / 郑 田 153
也可以清心 / 汪仁慧 156
往事如歌 / 李林玲 160
四面楚歌 / 陈 旭 163
拥抱阳光 / 吴慧敏 166
月是故乡明 / 熊 浩 169

开在记忆深处的花朵

那曾感动我的小镇 / 李 冰 172
那是一首歌 / 姜芯蕊 175
放手也是一种爱 / 张冬梅 178
善待不及格的卷子 / 刘竺岩 180
开在记忆深处的花朵 / 曹清琼 183
母校,远去的歌声 / 谢 然 186
心·友善 / 贾 沆 190
牵动我内心的声音 / 石 敏 193
城市里的树 / 杨绍东 196
雨中的情愫 / 郑 田 200
潮流 / 缪佳园 204
烟花冷 / 王雪妍 206
美好的旅行 / 陈 玺 211
墙上文化 / 郭 喆 214

倾听·爱

给父亲

王雪妍

还记得前段时间,我因为自己的蛮横自私,不明所以地躲在房间里怎么也不肯出来。我记得老妈劝不动我,哽咽着跑了出去,你最后也不得不为了我这样一个任性倔强的孩子,暂时放下你高大严肃的形象,温和地劝我。

你说:"我们都知道你是好孩子,不要为小事想不开。"

你说:"咱们是一家人,还有什么不好解开的结。"

你说:"你是我们的孩子,你出来,我们还像以前一样,有个完整幸福的家。"

后来你听到我在里面哭,以为我受了委屈,可是你不知道。就算我最后还是碍于自己的臭架子没有被劝出来,其实当时的眼泪是感动大过了悲伤。

我记得,你偶尔也会很孩子气。

每当不用面对繁忙的工作和形形色色的人，你便待在家里逗狗养鸟喂鱼或是打理花草。看着你忙前忙后却不亦乐乎的样子，我突然明白了幸福的含义。

有一次，我盯着你的啤酒肚皱了皱眉，有些怨艾地说："你咋成这样子了啊。"

你听了之后几百个不愿意，急忙翻出从前的照片给我看。照片里是个年轻的男子，身材高挑，正值青年，充满朝气。

你极孩子气地说："欸，你看看我当年啊，现在是身不由己，你以为我想。"

我假装没听见你的辛酸，继续漫不经心地翻相册，其实心里却是一凛，而后微微泛凉。

你在事业上如鱼得水，和社会上的各色人物都能相处融洽。在家中，你任何事情都打理得井井有条，对我和妈妈关心备至。这么多年，我一直觉得你是个特强特硬的人。

可是后来才知道是我错了。

几年前姥爷心脏病突发不幸去世，在悼念会上，我看见你揽着号啕大哭的母亲，神情中分明闪过了一丝哀恸，但随即还是不动声色地擦擦微红的眼睛，调整声色，轻拍着妈妈的背说："别哭了，别哭了，一切都会过去的。"

知道吗？虽然第一次看见你落泪，但你在我心中的形象却因此更加完美和高大。

因为公务繁忙，你也不得不在酒场中一遍又一遍地走形式。表面上轻松得很，而晚上回家，更多的是看见你一头倒在床上，累得鞋都不想脱。那时，我才知道你的身心有多么疲惫。

有一次你晚上喝多了酒，坐在沙发上握着我的手，喃喃地说："孩子啊，我们只希望你快乐……

"你快乐我们就快乐了……"

我怔怔地看着你，不知道该怎么回答，我怕我一说话，眼泪就会不由自主地落下来。

你有一次去北京出差，我随便发了条短信说"注意身体"。你却十分开心，没事就拿出来念叨。每到那时我都会感到十分惭愧。我作为你最亲的人将近十六年，却是当得如此不称职。

我在此之前，还不曾察觉你爱我至此。

无论我怎样特立独行你都会原谅。无条件地帮助我、保护我，对于我自以为是的小聪明总是一笑而过并给予最大的宽容。时刻紧张于我的健康，喜欢带我到处旅游，开阔眼界，总希望我将来的世界比你的更大。

而如今我才明了，那温暖的、厚重的、巍峨持重、疏于张扬，隐藏在坚硬外壳下的感情，是你给予我的沉甸甸的父爱。

"父亲，请继续坚强幸福地生活下去。"

——谨以此文献给9月21日过生日的老爸，愿你生日快乐！

今世的五百次回眸

韩 茜

前世的五百次回眸，换来今生的擦肩而过。

因而常常会忍不住询问你，究竟是前世五百五千五万五亿次的回眸，还是我们生生世世攒聚起来的缘分，让我们在这一世有了最亲密的关系。

你是母亲，我是女儿。

你相信一个传说：女儿是父亲前世的情人。因为前世有所不甘，所以今生要投入他的怀抱，被他深爱着，做他的女儿。

你温暖的手指滑过女儿平滑的额头，柔顺而又平凡的眉眼，带着淡淡的微笑对身边的他说："瞧，这个孩子多么像你。"

你相信，前世的我们对同一个人都怀有难遣的眷恋，也许因为没能终成眷属，也许因为那份怨愁剪不断理还乱，在奈何桥上一次次地回眸之后，最终让你成为我的母亲。

你像所有深情的母亲一样，尽心地为女儿编织起一个温柔的梦。

你喜欢把我放置在膝头，给我念故事或是听我说白天发生的琐事；吃饭时不允许我讲话，因为你曾经有过被呛得泪涕横流的经历；上学以后每天都要陪我一起坐在台灯下，捧着厚厚的书认真阅读，不时地出去端杯水进屋，如果端进来牛奶，就要催促我喝完了赶紧睡觉。

每一件衣裙，都有阳光甜蜜的味道。

每一个童话故事，都有幸福的公主和王子。

每一个和你度过的日子，想一想就会忍不住弯起唇角，像你一样温婉而满足地微笑。

你对我而言就像是空气。

这么说也许会惹你不开心。

但是亲爱的妈妈，你对我而言，真的是空气一样自然的存在。

睁开眼第一个看到的是你，难过时第一个想念的是你，想念时第一个呼唤的是你，第一个爱的人，也是亲爱的你。

今生五百次地凝望你。认真而又仔细地记住你黑色的垂至肩头的海藻般的长发，记住你乌黑的美丽眼眸，记住你眉端的红痣，记住你笑时女孩子般调皮的唇角，记住你干燥但是温暖的指尖,记住你温和的声音。

来世,用这来换取你的一面之缘。即便在茫茫人海中,我也能够一眼就认出你。

今生五百次地凝望你。为你梳发,为你按摩酸硬的肩头,为你暖脚。在你开心时,伏在你的膝头听你轻轻地哼唱那些随时间一起醇香的歌谣,然后仰起头看看你女孩子般自在的神情。

来世,用这来换取与你的相遇,然后是相识相知。

今生用数不尽的爱来保护你。当你青丝成雪,而眼眸依旧如婴儿般澄澈温暖,我会轻轻覆上你的眷恋,像你曾经做过的那样保护你。拉着你的手过马路,给你念报纸,陪你一起在阳台上浇花,和你一起在楼下晒太阳。我想,在沉静岁月中你也一定是个快乐的老人,有自己的朋友,和那些可爱的老太太们一起春游,一起做桂花糖,一起等待明天的到来。直到死亡将我们分开。

来世,用我的一生来换取一次爱你的机会。

只不过——来世,你做我的女儿。

那秋·那情·那人

王安琪

寻寻觅觅，冷冷清清，凄凄惨惨戚戚。

翻开李清照的《声声慢》，发现早春时候夹于其中的玉兰花瓣早已枯黄，薄如蝉翼，又好似枯叶蝶的翅膀。秋来了。

心里有一种无以言表的痛蔓延开来，浅浅的。

是的，是她。

那个陪我度过一生中美好却又短暂时光的人。

以前，每年的秋天她都带我来这儿，从背后变出一块娃娃脸的奶饼抑或是其貌不扬却异常甜美的糖果，使得不爱吃甜食的我也会被它的香甜所吸引。

真的，好香好香，好甜好甜。使得我小小的心都被那种香甜的味道填满，再也容不下别的什么。

然后，我们一起开心地笑。

但我也是讨厌过她的，每当她穿着那件"俗不可耐"的褪色红褂，带上娃娃脸的奶饼跑去学校看我时，同学们便对着她的后背指指点点，捂着嘴偷笑。我便很窘迫地让她回去，并很严肃地让她以后不要来了，她却还是一脸的笑意，绚烂如樱花。

周日，回家。

她依旧牵着我的手带我去公园看落叶，全都是金黄色，黄得耀眼。

"那片为什么是红色的？"我指着一片红枫不解地问她。

"因为它太爱这个世界了，得绚烂之后才落下。"她的瞳仁里透着几分淡淡的忧伤。

"哦。"我似懂非懂地点了点头。

过了一个月，母亲告诉我，她生病住院了。

我不以为意，人老了总会有些病痛的吧。我想。

过了好几天。

在母亲的催促下，我开始给她打电话，不知怎的，却越发频繁。

叮嘱她要好好吃药，好好打点滴，好好休息。她在电话那头便很高兴地笑着，像个孩子。

很快，我放假了。

有时间，我就会去看她，没时间也要挤出一些来。不知道为什么，每次去都待不了多久，怕是闻不惯那浓浓的药味吧。

那天,我心情很好,便去送鸡汤给她喝。在病房门口,不经意地抬头,却发现几个大字赫然在目:重症监护病房。

飞快地跑去问护士,护士一脸的无奈:"唉,癌症,已经晚期了。"

无法形容当时的心情。

抱着保温桶一口气跑到一楼,在那个阴暗的楼梯里,感觉有大颗大颗温热的液体溢满眼眶,然后肆无忌惮地滚落下来。

擦干眼泪,昂首,挺胸,迈着轻快的脚步上楼。

"今天来得晚了哩。"她依然是笑。

"路上耽搁了一会儿。"

"天气转凉了,多穿些衣服。"

"知道了。"

"快下雪了吧,你最爱玩雪的……"

"我带了鸡汤。"我打断了她。

"哦,呵呵。"她笑。

喝着那碗再普通不过的鸡汤,她的脸上洋溢着无与伦比的幸福。

一天天过去了。

她的手背上布满了针眼与一块块刺眼的瘀青。

她开始听不见别人说话,任凭对方用多大的声音。

她不能开口说一句话。

就这样,她睡着了,再也见不到阳光,再也不能像孩童般傻傻地笑,再也不能拉着我的手和我一起看秋天的落叶。她的生命,倒是像枯黄无力的落叶,漫无目的地坠落,然后落到地上,再也飘不起来。

六年了。

我想她时,会捧着她那件"俗不可耐"的褪色红大褂流泪,会听着她生前最爱听的京剧发呆,会抚摩那张充满苦涩中药味的床单喃喃自语……

又是秋天,枫红依旧,像她的血。

秋,还是那秋,只是少了一分温暖。

情,还是那情,只是添了几缕惆怅。

亲爱的外婆,你在天堂还好吗?

妈妈的味道

桑艺萌

轻轻地,我打开妈妈的房门。

永远都是这样,淡淡的清香。没有玫瑰的浓烈,没有茉莉的淡雅,但那种香,如桂花,无从表述;又如清泉,沁入心脾。

我扑到床上,享受着那种温馨,那份甜蜜——这就是妈妈的味道。

我太熟悉妈妈的味道了!从小我就会用鼻子和舌上的味蕾来认识妈妈,我的妈妈。无论在什么地方,只要妈妈来了,我就闻到她身上的那种熟悉的味道。

曾几何时,在盛夏——一个月光皎洁的夜晚,风儿轻轻吹拂着我的脸颊,池塘边的芦苇扭着它纤细的腰身,湖水泛起阵阵涟漪,月光在水中荡漾着。我依偎在妈妈的怀里,听她给我讲述嫦娥奔月的故事。我感觉妈妈身上有一种特别好闻的味道，这种味道让我的心无比的舒畅，我闻了又闻，紧紧地抱住妈妈，突然抬头望着妈妈。

"妈，您真香，像桂花一样。"

她缓缓地低下头来，月光照在她美丽的脸上，长长的头发滑到胸前，乌黑垂顺。她甜甜地笑着。

妈妈伸出她修长的手指，在我的鼻尖上掠过。

"你呀，就知道贫嘴。"妈妈脸上绽开如花的笑靥。

时间渐渐冲淡了一切，不知不觉中，我长大了许多，再也不会出现以前抱着妈妈闻香的场景。但是，我依然能感受到妈妈身上让人安心的味道。

有一段时间，因为考试，我经常忙到深夜。烦躁的时候，我总会抱怨：为什么我是个孩子？为什么我是个学生？为什么我不做一个整日逍遥自在、吃喝玩乐的差生呢？至少不用现在这么辛苦。内心的愤懑油然而生，我想要弃笔钻进那温暖的被窝。

香，淡淡的，愈来愈近，其中还夹杂着一股浓浓的牛奶的气息。

"趁热喝了吧！"

香甜的牛奶一直暖到心底。

浓浓的牛奶味道，是妈妈的味道。这味道里凝结着妈妈的辛劳和对我深深的爱意，我的健康成长是妈妈用汗水浇灌的结果。

现在我已经习惯了妈妈的味道，多少个夜晚，我总是在淡淡的清香中进入梦乡；多少个清早，我一睁开眼，第一个看到的就是妈妈甜甜的笑脸、忙碌的身影，闻到的是妈妈给我做的可口饭菜的香气；多少个日子里，我失败时，妈妈用慈爱的大手安抚我，陪我流泪的是她；成功时，陪我开心，一同笑得合不拢嘴的人也是她，每当这个时候，我都贪婪地闻着她身上的甜甜的、淡淡的味道。妈妈的味道，沁润人的心灵，会使枯燥的生活增添多少温馨呵！

在我们的心灵深处，永远有一个最原始的东西长驻于内心，那就是妈妈的味道。我喜欢妈妈这种味道，唯有妈妈的这种味道是那样的独特，不需要世间任何佐料的调配，而是自身发出的一种无可取代的味道。闻到这种味道我感到一种幸福、一种快乐，让我说一声："妈妈，我喜欢您的味道！"

柳树的情怀

仇 宇

当一阵清风带着春的讯息，飘逸地从大地上走过，柳树便陡然爆出些鹅黄、嫩绿的新芽，柔柔地在我窗前招摇。

这是奶奶栽下的。

在我小的时候，奶奶颠着小脚，走进城里照看调皮的我和弟弟。鸡叫时分，奶奶便就着微明的天光忙起来。烧水，洗衣，煮饭，略显笨拙的身体像个上了发条的陀螺。小孩子生性顽皮，奶奶就更没有了空闲的时刻。等到我们到了上幼儿园的年纪，奶奶总算清闲了许多，可略谙世事的我看到了奶奶常呆呆独坐的落寞。

"毛丫呀，吃杯茶，叫了。""叫了又怎样？""叫了，叫了就该收麦啦！"奶奶的眼神很遥远，"真想回乡下闻闻麦子的香味呀。"这种语气让懵懂的我，像吃了一粒酸葡萄，禁不住眯起了向往的眼。隔了几天，奶奶欲言又止多次，终于在饭桌上说道："闺女，我想来年春天种株树。""娘，什么树？"妈妈颇有些惊诧。"柳树！"奶奶干脆地说，"老屋前就有株柳树。"妈妈有些犹豫："这是大院儿，能行吗？"爸爸拉妈妈的衣襟。"好呀！娘，就种柳树。"妈妈好像看懂了奶奶眼中的紧张与孤独。奶奶笑了，我也抿起小嘴儿，笑眯眯地偎在奶奶怀里。

于是，这株嫩柳就扎根在我窗前。奶奶似乎开朗了许多。现在想来，那轻歌曼舞的柳树大概唤起了奶奶年轻的记忆。听妈妈讲，奶奶如花的岁月都是在老屋的小院里伴着那株老柳树与针线筐里的女红度过的。这株小柳树所彰显的意义在我幼小的心里扎了根。

夏天，奶奶总是在不盈一握的小柳树旁洗衣，淘米。我最爱做的就是把白白的淘米水仔细地浇在柳树盘结的根处，看奶奶荡起一波幸福的鱼尾。站在当时比我高不了多少的柳树旁，我常常对奶奶说："奶奶，我比它高！"奶奶总是笑笑："它接着地气，喝着露水，一夜间就蹿个儿哩！你长不过它。"我不依，跺跺脚跑开了。

待我上了二年级，奶奶摸摸我的头："奶奶该回去了。"掐指一算，奶奶已陪了我六个年头。时间的沙漏倒转，幼时的种种记忆如飞箭般而来，不舍的心情涌上心头，我皱皱鼻子，拉住奶奶的衣襟哭了："不走，奶奶不要走呀！我还要帮奶奶为柳树浇水呢！"奶奶笑了："毛丫呀，你大了，奶奶要回家陪老柳喽！"就这样，使出种种耍赖技术后而黔驴技穷的我，泪光盈盈地送走了奶奶。

路途遥远，课务越来越繁重，我看奶奶的机会越来越少了，但那柳树婆娑的舞姿给了我安慰。

学习累了，望一眼窗外，柳树的绿意让酸涩的眼睛顿时舒缓下来。学习燥了，柳树柔声细语，沙沙地劝慰我。晴天，我总爱到已粗壮高大的柳树下背书。它轻柔的声音多像奶奶的语调啊！

柳树的情怀使我再也看不上其他的树：一心向上，枝丫铺满了天空，而仰视天空的姿势又怎能看见这默默而朴素的根！唯有柳树的枝条以可亲的姿势与根絮语；它的叶落下时，挨挨挤挤地簇拥在根前，且多是叶面朝下，深沉地诉说着爱。

今天，站在柳树下，抚摸着它粗粗的脉络。蓦然感到这株柳树不正是奶奶的写照吗？朴素坚忍，而又任劳任怨地为子女撑起一片福音。那么让我这个孙女做那受了哺育的柳叶，即使在落下时，也不忘把那最深情的一吻留给朴素的根！

走,我们回家

王雪妍

一

这是反复出现在梦中的情景。

走出小学校门,像从前每次一样瞥见祖父羸弱的微驼的背,还有旁边锈迹斑斑的三轮车。跑近,仰起脸,我看见祖父皲裂开合的口无声地说:"走,我们回家。"嘴角满是宠溺的弧度。

从来没有像影视作品中的角色一样,梦醒时猛地坐起,大口喘气。仅仅是倏地睁开眼,意识回归,才发觉是一场梦。

周遭永远是一片荒芜悲漠的黑暗,静得以为早已失去了自我。

二

祖父太瘦。印象中大抵是没有发福过的。老款衣物挂在身上总显得过于肥大，更衬托其清瘦。花甲之年的人头发自然白了许多，那是岁月洗礼后剩下的颜色。不知谁说过"大耳有福"，祖父的双耳是可以算得上大的，耳垂似乎有大拇指的指肚般大。而我年幼时喜欢把玩祖父的眼皮，胶原蛋白的严重缺失，导致过于松弛，用手一捏，捏出的形状居然可以保持几秒时间，祖父也不闪避，任凭我未泯童心的肆意。

眼睛总能折射出一个人的经历、心情。祖父的眼神可以用清冽与宁静祥和来形容。那是发自内心地对现如今生活虔诚的光。而掌纹终究是太宿命的，不单单是为生命与爱情，还诠释了太多绵亘的往事。祖父掌纹深若沟壑，当他攥住我的手，我似乎能感觉到几年间或翻飞或升腾的浮华，炽烈而真实。

祖父是有些驼背的，羸瘦的身躯始终敌不过命运的重量。但他总保持淡然的姿态，用他不俗的脊梁撑起了一个家、一片天。像包容大海的地壳，世俗再汹涌，定会有平静的一天。只要不惧，只要相信。

三

　　祖父从没有重男轻女封建思想传承的痕迹，相比之下，他反而更喜爱家中的女孩子，作为老幺，我亦是太受宠。那些记忆深处起伏暗涌的碎片，如今看来实在温暖得过于虚浮不真切。傍晚回家，祖父总在无外人时，偷偷塞给我一个大石榴或才出锅的猪蹄，似孩子般眯眼撇嘴："嘿，别让他们看见哦，赶紧吃吧。"我亦是假装紧张严肃地点点头："嗯！知道啦！"熟稔的默契仿若是天生的习惯。

　　我终究是太信从宿命的人，且执拗于本性。在我看来，寿登耄耋亦不过是老去的孩子，年龄只是些无多大用处的数字。祖父对象棋钟爱之至，总一手夹着马扎，一手提着关有八哥的笼子，在阳光不算炎热的午后，踱步去村头看别的老人下象棋。拱卒、飞象、跳马、驾炮、上士、出车、将军。楚河汉界的挥斥方遒，定不会随时间消沉湮没殆尽。

　　那些隐匿于表象之下的本性，亦是如此。

四

　　我其实不怎么擅长散文，列举的物事，烦冗俗滥，不感人。但下面这件事我是一定要讲的，它发生在2007年9月。

那天是星期五，我照例要上学。下午祖父早早吃完饭，准备给我砸核桃带到学校去，他一手拿着中指长短的小锤子，一手拿着核桃砸起来，颤巍巍的。他有些老花眼，所以向前倾着身子，看起来十分费劲。而我对于核桃这种东西始终不大喜欢，便推说不要。祖父脾气亦倔强得很，坚持让我带走，我只得赶忙背起书包，关上门跑出去——嘭的一声，门很响。

其实以上只能算是生活中的琐事之一，而于我却有太深刻的意义，因为我到一个星期后才知晓，那竟是我与祖父的最后一次对话。

关于祖父怎样心脏病猝发，怎样直挺挺地倒下去，额头猛地磕在茶几上，汩汩地流出多少浓稠的鲜血，那都是后来才得知的。我所直面的，仅仅是进门后炽烈刺目的黄黑纸钱，还有厚重眩晕的檀香味，向左一瞥，臂上是不知何时戴上的黑底的"孝"字。多么讽刺，我成了再没有资格说声对不起的罪人，像是被时光狠狠地扇了一巴掌，倏然清醒。

"核桃，"我说，"上星期他还帮我砸核桃呢。"泪水从下眼睑淌落的瞬间，我恍惚看到一张黑白互映下清冽微笑的面容。

从此天寒地冻，路远马亡。我仿若听见身体在拔节生长时脆裂的声响。那么明晰，那么痛。

五

失去后才懂得其稀珍。人实在是太过矜弱渺小的生物。

有些事，终究无力回天。

六

对于缅怀的文章，我一直不太敢用颇为决绝的字眼，因为回来看时会难过，所以我总说祖父是暂时离开的。这种观点，至今不变。而从那以后的作文却是不断地缅怀，我在很长时间里都走不出来。每次卷子讲完，我都会把作文扔弃，也许是害怕看到后被那些过于厚重的记忆再次刺激，却依旧不停地写。我承认我的矛盾。而将文章公之于众，需要不小的勇气。

更害怕的其实是遗忘。假若真的忘却，我一辈子都不会原谅自己。我曾经怪诞地想为何我没有隔代遗传了轻微的心脏病，当病发作，起码证明我能记得。而我定是要铭记的。纵使感情，再无实体倾泻，亦要坚强地面对。其实至今我都倔强地认为当年自己还无力承受，可惜我别无选择。

我想为祖父做些什么,念一段佶屈聱牙的经文,歌一曲斑驳陆离的《大悲咒》,书一篇清切空灵的文字。我太需要这些来作为感情的承载。亦希望它们从此绵亘不绝,为我所用。

一如书中的一句话:爱是永无止息。

七

路过曾经的小学门口,总会想起一些细碎的画面。

蜂拥而出的少年,周边嘈杂纷乱的人群与车辆,校门口对面冒着热气的路边小摊,澄澈素净的长空,沉重老式的书包,布满锈迹的三轮车。

还有祖父微驼着背,用略微低沉老迈的声音说:

"走,我们回家。"

父爱系在结中间

韩 笑

  西风匆忙地来了，不带任何预兆，那侵骨的寒冷在小城中放缓了脚步，在窗外久久徘徊。抬头看看时钟，哦，时间不早了。我急急忙忙套上外套，穿上运动鞋奔出门外。

  刚拐过家门口，便看见那团黑色自远而至。从那略略低些的脑袋和八字形的脚步，我足可以判断出那是与我朝夕相处的父亲。近了，近了，父女相遇的时刻无言甚至没有微笑。他匆匆地打量了我两眼，接着我们擦肩而过。

  正当我想甩开脚步狂奔时，他拽住了我的袖子——轻轻的却又是强有力的。蓦然回首的时刻，见他蹲下身子，掏出揣在口袋里的手。哦，丢三落四的我没有系鞋带，红色的带子像是漫不经心地倚在冰面上打量着自己的身姿。他的手握住那两根红色的带子，如此小心翼翼，像是带子的那头有我生命的搏动。他轻轻地打了个结，动作是如此的笨拙，是啊，好些年没有这种活计了。

父亲的眼光略略停留片刻，似乎是对这幅"作品"不怎么满意，便很决绝地又抽开了那个结，歪着脑袋思量着该怎么办。这是他惯有的动作，我喜欢他这个动作。这是一个成年人摒弃了一切浮夸的纯朴与天真。猛然间，他的眼睛亮了，一丝狡黠的笑挂上眉梢。这样一双发亮的眼睛只有我能捕捉到，因为它们注视着我成长了十四年。他迅速给我系好鞋带，末了，又使劲用手拉了拉，以保证他的调皮的女儿不会被松开的鞋带绊倒。父亲微笑地打量着这幅"杰作"，憨笑的时候才记起双手早已冰凉，又把它们放回到口袋里。这一刻，我笑了，眼中充盈着感动的泪水，嘴角仍是甜蜜的酒窝。

没有告别，没有言语，我们彼此背转过去，依旧走自己的路。一位中年父亲在冰天雪地里为女儿系鞋带，我知道这个动作他做过许多次，做了许多年。我的脚下有沉甸甸的感动，我在心底默默地说：感谢上苍，给了我一个能把爱意系在结里的人……

父亲和母亲之间

李琳琳

　　我一直以为父亲和母亲之间是没有爱情的。至少他们之间谁也没有对彼此说过我爱你。

　　父亲和母亲结婚仿佛是为了完成双方家长的使命。父亲的母亲托媒人给父亲说媒，对象就是母亲。两个人草草地见了一面，连名字都没来得及问，把生辰八字一合，再到村里办上一桌酒席，然后两个人就成了夫妻。

　　"你和父亲连话都没说上两句，就这样成了夫妻，不会尴尬吗？"

　　"怎么不会尴尬，你父亲推着自行车走马路这边，我走马路那边。"

　　"那后来呢？"

　　"后来你父亲去外地，回来时给我买了条红围巾，然后我们的话题就由红围巾开始，到毛衣，到布鞋，再后来就是你，再后来才是生活。"

那会儿我父亲出门在外，我常常在夜里醒来偷偷爬到母亲的床上，听母亲讲她和父亲之间大把大把的故事。月亮偶尔爬上窗头，月光静静地从窗户里洒进来，方格的窗影倒映在蚊帐上，轻轻的，淡淡的，仿若某一种爱，又仿若母亲那双温柔似水的眼睛。

而父亲和母亲的故事却又只适合在这样的夜里讲，故事里的浪漫和美丽无人能感知，唯有那份真实触手可及。

还记得那年冬天，和父亲已有半年没见的母亲听到父亲要回家过年，高兴得连鞋都来不及换就拉着我跑上大街，买本不打算筹办的年货。

"妈，你不是说今年咱就过平常年吗？"

"你爸要回家呢！"母亲兴奋时嗓门就特别高。

那些日子，即便累到了深夜，母亲也始终微笑着继续。买什么都只有一个理由，就是我父亲要回家了。仿佛她所做的一切都是为了父亲。

新年快到的时候，父亲又突然来电话说有一个新任务，必须赶在过年之前完成，所以回不来家。母亲接过电话，挂了好几天的微笑僵住了，然后只轻轻说了句没关系。

母亲向父亲打听他那里的天气，如果天寒就不要工作，缓缓也行的。最主要的是父亲有风湿病，母亲担心他的身体。

父亲传来呵呵的笑声，说甭担心，那里大晴天呢！

后来，电视里播放天气预报，父亲工作的地方已经下了好几天的雪，路上交通工具无法正常运行。

母亲红着双眼，忙给父亲打电话，然后就和父亲吵起来了。这么多年了，我第一次看到母亲那么认真地和父亲吵架，相隔千万里，电话那头的父亲始终沉默。

除夕夜虽然下了点儿雪，但天并不冷。我和母亲对坐着，母亲没有动筷，我也不敢动。一桌子菜全是父亲爱吃的。

"我回来了！"

一个熟悉的声音打破了沉寂，我和母亲回过头，父亲站在门口，用脉脉的眼神望着母亲，肩膀上边顶了些雪花。

诧异了半天的母亲后来还是流泪了。泪水顺着脸慢慢流下，父亲见了忙过来问怎么了，人都回来了还哭什么呢？……然后他从口袋里小心翼翼地掏出一枚戒指给母亲带上，大小正合适。

如果没错，我想这应该是父亲第二次送礼物给母亲。第一次是那条红围巾。

我不知道后来的事情怎样，但母亲一定会和父亲唠叨许多事情，这些事情不是关于爱情的，而是毛衣或者布鞋……

其实，我是更加明白了母亲和父亲之间的爱是那三个字所代表不了的。他们之间或许真的就只有一件毛衣的故事也说不定……

寂 静

陈秀秀

"阳光暖暖的,时光慢慢的,我是蔚蓝的,在静好的岁月边缘张望着。"

轻哼着许嵩的新作,心情显得灿烂许多。冬日的严寒并没有带走一点儿属于大地的东西,包括阳光。靠在木制大椅上,放松许多,仰起头,闭上眼,享受着阳光的滋润。

一旁,大树上,阳光直射到树叶上,透着阳光,折射到大地的是一些零碎的小圆点。瞬间,抬起头,耀眼的阳光射到眼睛,那么刺目。无奈闭上双眼。

不知何时,母亲已经来到我身旁,手轻搭在我两肩,轻轻舒了一口气。可能是怕打扰到我,母亲收回了手,拿了一张小板凳坐在门前,拿出一只小篮子,里面装的是一些缝补的工具。对了,是我的外套上的纽扣松了。母亲找到我的外套,轻轻坐下,细细寻找补衣的针,没有发出一点儿声响。

母亲挪了挪身子,把身体移到光线最好的位置,低下头,寻到与衣服差不多的线,用牙齿轻轻一咬,线断了。母亲把线的一头用嘴润湿,用右手的食指和拇指紧捏着线的一头,左手举着一端有孔的针,将线轻轻地穿进针孔。可是,这针,这线,好像都在和母亲作对,怎么也穿不进针孔。母亲并没有灰心,连续穿了好几次,可还是不成功。

我目睹了这一切,轻轻离开木椅,来到母亲身边,蹲下身子,接过母亲手中的线、针,注视着针孔,无声无息地让线穿进针孔。接着用左手的食指和拇指拾起线的另一端,针被线轻轻穿过,打上了这母女情深的爱结。我把完成的任务交到母亲手中,然后微微一笑。

母亲也重复了一遍我的动作,嘴角扬起一条弧线,笑得那样灿烂、可爱。母亲继续她的活儿,而我,倚在门边,静静地看着这一切。

月亮爬上了天空,太阳也已消失在尽头。夜幕下,晚风习习,虽然没有夏日的凉爽,但也不像冬日里那样凛冽。只是树梢在风中摇晃,伴着一点儿河水的悦耳声,给大自然带来了一些美妙的乐符。声响不大,并没有打破原来属于大自然的宁静。

月色,竟是如此美丽,没有太阳的温暖耀眼,只把无言的爱洒向大地。我伫立凝望，河畔边，月亮的倒影洒在静静的河水上。

此时此刻，静谧美好，不需要任何话语表达，只有浅浅一笑。

手

孙楚乔

暑假到最后还是无声无息地来了。一到暑假所有学生都变得悠闲起来，至少对于我来说，不管之前自己计划得多好，头一个星期总是要玩个没完的。

今天早上，我被奶奶推起来。本来想睡懒觉，结果奶奶问我要不要跟她一起去买菜。在我印象中，跟老年人一起早起买菜是一件很古老的事儿了，我奇怪为什么奶奶今天心血来潮。虽然心里有点儿不情愿，还是去了。

我记得小的时候奶奶总是拉着我，踩着她的布鞋一步一步，轻盈地在我前面走。如今我走在她旁边，已经比她高出来一大块，也觉得她不再那么矫健了。唯一没有变化的，仍然是奶奶的叮嘱："小心前面的台阶，慢慢走别绊倒了。"或者是叫我多吃蔬菜，说这样才能长高。我当时心不在焉的，对奶奶这些从小就开始的唠叨有些不屑。

走到马路边,我看到一位老爷爷拉着他的孙子站在我们前面,奶奶往前跟了几步,也停住了。我的目光停在那个爷爷和小孩身上。那个老爷爷瘦得有点儿过分,那件旧得发黄的衬衫把他的身体罩在里面。一阵风刮过,老爷爷的肋骨好像都可以隔着衣服数出来。他头上仅剩的几撮头发乱飘着。他拉着他的小孙子站在马路中央,显得那么弱不禁风。

就在他们迈开步子要过马路的时候,一辆车突然从远处飞速驶来,马达急速转动的声音显然把老爷爷和那孩子吓了一跳。那辆车速度极快,老人踉跄了一下。我注意到他那只津瘦的手马上在第一时间死死地攥住孩子肉肉的小手。小孩被攥疼了,下意识地甩了甩他那只手。从我这么远的距离竟然也能看见老爷爷脸上坚定的表情,那时他的手好像就是和孩子的手长在一起的,任凭那孩子怎么甩都甩不开。那辆车擦着老爷爷翘起的衬衫角飞驰而过。看上去老人想后退,他踉跄了一下,但最终还是躲过去了。那孩子好像注意到老人的表情,他天真地看着老爷爷的脸,手也不再乱甩了。

说实话我是被感动了,老爷爷对小孙子的爱被在他们后面的我看得清清楚楚。我在感叹间回过头来,竟惊奇地发现自己的手很疼,我恍然大悟,原来奶奶也一直紧紧地攥着我的手。

我在乎的那双眼睛

肖 以

"要记得多喝水呀。"

"晚上盖好被子睡觉。"

"不要挑食了,该吃的就要吃。"

"多和同学说说话,将来要一起生活三年的呀。"

"有空儿给妈妈打电话啊。"

妈妈一句接着一句唠叨着,不知不觉已经陪我走到了军训宿舍。我很耐心地一句一句应着。我偶尔转过头望着妈妈,她那深褐色的双眸布满了担忧。眼角的皱纹有些深了,不怎么好看,笑着说话时凹进去,那就是妈妈为了我一直辛苦着的证明吧。

妈妈开始熟练地帮我挂起蚊帐。以前,一直都是这样的,我站在一旁看着,妈妈帮我做好了一切。可这几天,她就要离开我,让我一个人生活,一个人为自己打理一切。这样的日子，我能过下去吗？想着想着，眼睛就红了。

妈妈的眼里尽是担忧，也是在考虑着这个问题吧。

可是妈妈隔着一层白帐在看着我呀，我不能落下泪来。

我酸着鼻子低头看着手表，指针接近六点了。该是妈妈离开的时候了。

我们牵着手一起走到了校门口，看不到爸爸的车。妈妈便又将叮嘱过的话说了一遍。要是在平常，这种话会让我很烦很烦，可那个时候，我却听得很仔细，很珍惜。

"回去吧，妈妈一个人等就好了。"妈妈很温柔地说。

"噢，我走了……"我小声地说。于是赶紧转过身向前走，泪水已经涌到眼眶了。

那不懂事的眼泪不断地掉下来，掉在刚刚被妈妈握过的手上。

那仅存的温暖，似乎也要被泪水吞噬。尽管泪是炽热的。

我知道啊，我不能回头，因为妈妈在看着我，我在乎的那双眼睛一直在注视着我。

我不能让她失望，不能让她看到我的泪水，不能让她知道我的难过。

所以，我要直着腰坚强地向前走。

这样，我在乎的那双眼睛，就会为我感到欣慰了吧。

对吧，妈妈？

一个星期后，艰苦的军训终于结束了。在最后一次训练表演上，竟下起了雨。我到处寻找着妈妈的身影。在人堆里，我很快就找到了。

因为妈妈说过，站直了才能看得更高更远。妈妈个子很矮，可从来都站得最直。

轮到我们班上场时，我努力地做好了每一个动作。那是我第一次独立生活的证明，我最想表现给妈妈看，让她看到我做得很好。尽管我在那个集体里，是那么的不显眼。

掌声覆盖着整个操场，覆盖了隐隐的雷声。

硕大的体育场上，我最在乎的那双眼睛，该是什么表情。

多想马上冲出队伍，扑向妈妈。这样我就可以自豪地对她说，我很好很快乐很坚强地度过了这个星期。

可只有坚持到最后一刻，才能算是尽力了呀。我按捺住心中的兴奋，乖乖地跟着队伍离开，回到遮雨的地方。

远远地张望着妈妈的身影，雨越来越大，模糊了视线。

看不到那双给予我信心的眼睛了，心有点儿凉凉的。而我一次又一次地对自己说，妈妈，一定站在某个地方看着我。

因为妈妈在看着我呀,所以要坐得直直的。那样她就会为我感到欣慰了吧?

对吧,妈妈?

军训全面结束后,雨也渐渐停了。妈妈走向我,我分明看到她眼角的皱纹深了许多,而那双深褐色的眸,依然慈祥。

妈妈搂着我,一步一步向着校门口走去。经过宿舍,经过操场,经过饭堂,我一路走着,一路想起这一星期发生过的一点一滴,经历过的酸甜苦辣……

妈妈只是一直陪着我,没有说话。

终于,她开口了。

"以后没有妈妈陪着的时候,也要像现在一样好好照顾自己,懂吗?"

"我懂的。"

不管什么时候,您都一定,在某个地方注视着我吧。

倾听·爱

朱彦文

你说，我不会倾听你。
不会倾听那爱的灌溉。

一

她回到家中，来不及去暖气旁焐一焐早已冻得毫无知觉的双手，来不及呵护一下那早已皲裂的脸颊，急匆匆地来到厨房，生火为女儿做饭。也许，现在的她只有一个目的——让自己的孩子吃一顿热饭。她揉了揉耳朵上的小冻疮，麻木的双手扣在耳朵上不住地摩擦，干涩的眼睛盯着炉子上的饭菜，身体却不住地倾向门口，她希望女儿回来的时候可以马上看见她。

嘭，用力的关门声，她吓了一跳。"涵，先去洗洗手，换下外套，饭这就……""每次都是这几句话。"女孩儿毫不留情地打断了母亲的话，噘着嘴，但早已按母亲的要求一样一样地做好，坐在餐厅等母亲。餐桌上，二人无语，母亲没有给女儿夹过一次菜，生怕惹她不开心，自己则慢吞吞地吃着。筷子、盘子相互碰撞的声音，成了偌大的屋子里唯一单调而嘈杂的交响曲。女儿放下筷子，几欲离开，却被母亲按下："涵涵，你好久没和妈妈聊天了。"女儿那尚未成熟的小脸上滑过一丝冷漠，但嘴角依旧习惯性地上扬了一下："妈，最近功课多。"

母亲的双手渐渐松开，缩进那泛白的袖口，脸上闪过一丝不经意的泪痕。

二

"妈，干什么呢？"女儿那玉葱般纤细的手揉了揉被白炽灯刺得睁不开的眼睛。

"你校服，都那么脏了，洗洗明天再穿。"母亲指着洗衣机里的衣服说，一脸抱歉的表情。

"可洗衣机太吵了，我要睡觉了。"女儿甩手而去。

母亲低头看那皲裂的双手，不知所措的神情是那般令人疼惜。母亲按下暂停键，将校服从洗衣机里拿出，双手捂着腰费力地坐下，脸上那痛苦的表情暴露出一个母亲的艰辛和劳累。洗手间幽暗的光将母亲洗衣服那娴熟的动作投射在身后洁白的墙面上,前额的那缕头发湿湿地贴在额头,目光里透着一种坚定、无奈和欣慰——"快洗好了,不会吵你了。"

三

"唉,我很累了,不想和你争吵。"母亲低声叹道。

"怎么了?"父亲则一改往日的急躁,快速扶母亲坐下,怜惜的表情布满了脸上的每道皱纹。

"知道吗,不管付出多少,涵涵永远都不会体谅我,你知道我有多累。"母亲孩子般小声啜泣。

…………

"我知道,她不是不懂事的孩子,但就是不能体谅我的辛劳。每每看她一身疲惫地走进家里,我多想帮她提一下书包,用手摸一摸她的脸颊,问一声'辛苦了,孩子,学习累吗?'每每看见她发呆的时候,我多想能跟她坐下来好好聊聊心里话;每每看见她熟睡时的样子,我都会安慰自己,孩子是累了不是不想理我。我想为她做一切的一切,可是我不能够。我害怕女儿那冷漠的笑和不屑一顾的神情,你不知道呀,我是多么心疼她。"

女孩儿站在门口,倚着干燥冰冷的墙壁,心却早已笼罩在三月的梅雨下,湿漉漉的。

四

妈妈，其实我是爱你的。

任何辞藻也无法形容我现在的内心。

每每看到你新出的白发，我只想去抚摸那岁月的印记，我总想去根除那衰老的证明。我知道你心疼我，你总是站在门口，小心翼翼地看着书桌前学习的我；你总是怕惹我不开心，小心翼翼地维护那段看似不稳定，却早已像城墙般坚实的感情。你为我哭过、乐过、激动过、痛苦过，这些我都知道。我把你为我掉的每一颗泪珠，都小心包进纸里，放在最贴身的兜里，认真呵护。

还是会回想起儿时那种种肥皂泡似的场面——你趴在沙发上，我用稚嫩的小手帮你捶打着单薄的身板，丝丝幸福感藏在你的微笑里，蜜般流淌在嘴角处。

而如今，我长大了，我早已不再是那个躲在你怀里撒娇的小女孩了，一起成熟的还有我的心智。我不再习惯表达自己，脸上单调的表情也仅仅是对外界的不满和怀疑。但妈妈，你的爱我早已尽收心底，湿润脸颊的伤痛的泪水夹杂着丝丝甜蜜，不曾逝去。

妈妈，虽然我表达得很拙劣，但是，妈妈，我爱你。

烟雾缭绕的日子

彭菁霖

在记忆的深处，我仿佛只记得儿童节的快乐和母亲节的温馨。而对于他的记忆，只有那阵呛人的烟雾依然如故，仿佛时常萦绕在我身边……他，就是我的父亲。

那年，刚上初中的我结识了一群不三不四的朋友。他们对我"很好"：我受委屈了，他们帮我出气；我无聊难过了，他们引我入网络世界；还"好心好意"地为我找了一个帅气十足的"男朋友"。幼稚懵懂的我从此放弃了学习，坠入了"如痴如醉"的迷雾里，直到有一天，我珍藏的一大堆"情书"被班主任缴获。

父亲接到电话，来到学校，把我领了回去。一路上，他一言不发，只是不停地吸烟。回到家里，他还是一声不吭。在昏暗的灯光照耀下，父亲嘴里吐出的烟雾成了黛青色，一圈一圈的，一阵一阵的，熏得我呼吸困难，刺鼻难闻，痛苦难忍。在母亲的不断唠叨下，父亲终于雷霆般爆发了。门后的扁担一下一下落在我的腿上、手上、臀上，从客厅到房间，从房间到厨房，再回到客厅，我被打得四处逃窜，无处躲藏，整栋楼里都回荡着我的哭声……后来，我终于下定决心与那群人断了联系，绝了来往。我那颗狂野的心渐渐地回到了课堂，但从那天起，我恨透了父亲。

一次在与母亲的促膝长谈中，我偶然得知：那天父亲深深地责怪母亲没有拦住他。我惊愕了！

一年后，我被选去市里参加英语比赛，母亲兴高采烈，决意要亲自送我去。任性的我，坚持不要她送。母亲虽然不放心，但还是拗不过倔强的我。站在一旁的父亲一言不发，只是大口大口地吸着他那自卷的旱烟。来到车站，我大胆地上车找到座位坐下。车子飞快地奔驰着，我悠闲地欣赏着一路的风景，贪婪地呼吸着清新的空气。突然，不知从哪儿飘来一股浓重的似乎熟悉的旱烟味。我东张西望，突然在车子的最后一排发现了一个熟悉的影子，我的父亲。原来他还是放心不下我的独自远行，悄悄地跟来了。

比赛结束了，我捧着鲜红的获奖证书来到了父亲的身边。我情不自禁地给了父亲一个拥抱，他惊愕了，脸红了……几分钟过后，他的脸上露出了欣慰的笑容。他又一次点起了旱烟，吧嗒吧嗒大口大口地抽着，一团一团的烟雾缭绕在我的身边。不知怎的，我再也不感到它的刺鼻难闻了……

我 的 太 阳

刘逸婷

  清晨，推开窗户，眼前的一切都笼罩在一层缥缈的轻纱里，连初升的太阳也隐去了它鲜艳明朗的脸，只剩下一圈红晕，迷茫中透出些红光来，一切都显得那么死气沉沉。昨晚被胃痛折磨了一整晚的我更提不起精神。

  打开家门，准备上学去，正遇上熬夜工作的爸爸回来了。他看了看一直捂着肚子脸色苍白的我，他似乎想说什么，蠕动着嘴唇，却又把它咽了下去。从他的眼神流露出来的自责与心疼，我知道——我又让爸爸操心了。他默默地牵起我的手，走出家门，那双手很大、很暖，传到我的手心，我安稳了很多，温暖仿佛让我的心找到了依靠，安心又踏实，我的胃好像也没有刚才那么痛了。

  爸爸似乎担心我的胃会痛得更厉害，特意把车开得很慢。我坐在后排，透过倒车镜端详起那张憔悴的脸，整夜的工作让他那双眼睛布满了血丝，岁月的痕迹在他的脸上留下一道道深沟似的皱纹，在那一道道深深的皱纹中，不知隐藏了多少劳苦、心酸和忧虑。想到这儿，心里不禁泛酸，倔强的我忍着不让自己的泪水夺眶而出。

爸爸把车停在了诊所门前，他让我待在车上，自己则下车走进了诊所。正当我纳闷爸爸的举动时，爸爸从诊所里走了出来，手里小心翼翼地捧着什么。

他上了车，递给我几片药和一杯热水。望着那杯冒着热气的水，不禁心头一颤，热气弥漫着眼睛，视线开始逐渐模糊起来。我低头不语，把药吃了下去，一股温暖的热流把我整个心都给融化了，别过脸，所有的软弱和辛酸都化成了泪水冲破了"堤坝"，无声地滑过脸庞。

爸爸载我去学校，下车的时候一抬头，天边雾已散去，太阳明明朗朗地露出了它的笑脸。爸爸，你就像这轮太阳，给予我温暖，让我的天空永远晴空万里。

父亲的鼾声

王希月

窗外天快黑了,深沉的暗蓝色夹杂冬日的丝丝寒冷。屋里没开灯,只有桌子一角的台灯笼出一圈柔和的光,温暖地投射着手指握笔的影儿。

父亲在桌旁的床上睡熟了,房间很静,笔尖在纸张上浅浅的摩擦声伴随父亲轻轻的鼾声,比呼吸强烈,凝结疲倦的鼾声。我慢慢展开皱紧的眉头,取下塞紧的耳机,一滴圆润的泪,晕湿字迹,更晕开了心里的怨气和不满,只剩下安静的感动。

我和父亲都是急性子,暴脾气,这样的两个人朝夕相处总会有发生冲突的时候。每次看他语气音调一高说着我的不对,我也跟他不甘示弱地嚷嚷着讲理,要不是母亲阻拦,愈吵愈凶是必然。于是在我的潜意识里跟父亲是没有道理可讲的,就这样的以一个孩子的沉默和厌恶来排斥他。

前几天我去学校取书,父亲却怀疑我要出去玩。我看也不看他,什么都不解释,到学校后却委屈地哭了,觉得他根本就不信任我。有一次因为和父亲赌气我离家出走,后来每次提起这个事情,他都会愤然而起,怒气冲天,我固执地认为,父亲就是成心和我作对。

可是在这鼾声中,心莫名地静了下来,仔细回想往昔,才发觉自己忽略了很多:父亲加班到很晚时,总会打电话问我想吃什么给我买回来;寒冷的大雪天起早开车送我上学,担心我坐班车会着凉感冒……在这鼾声中,我终于明白父亲的用心良苦,所谓的不信任、愤怒,无非是源于对我的在乎、对我的爱。

父亲出差两周,今天刚回家,推开门的第一句话是:"女儿呢?"我在屋里听着,心里一紧,鼻子微微发酸。而现在这鼾声则如同一双无形的手,摇动我的心灵,抖落这么久以来对父亲的不理解。这个养育了我十多年的人,这个为我操劳奔波工作的人,这个愿意为我付出所有的人,这个最需要我关爱体贴的人,用疲惫的鼾声使我明白他浓重深沉的爱。

夜色像梵高的油画般密不透风张贴在窗户上,鼾声阵阵,这是我听过的最好听、最感动的鼾声,也是我至今才领悟的幸福。

感谢你，陪我一路走过

慕现婷

大概是好小好小就被送出去的吧，不记得了，只是知道，很小的时候所有的时光，都是伴在苍老但溺爱我的奶奶身边的。独自一人，终日与泥土为伴，落日的霞辉映下的永远是一个影子。可是奶奶说，小时候我从来没哭过，即使离开他们的那一刻，从来没有……

也许是那么长时间的独自一人教会我执拗，教会我坚强和倔强；也许是记忆里从来没有留下过他们的痕迹，从来没有记住的人，也就无所谓忘记吧！直到三岁多的时候，我被那个该叫爸爸的人带回家。三岁了，已是会到处跑、会唱不成调的歌谣和与人争执的年纪了。可是，爸爸妈妈却第一次出现在我的生命里。

第一次见到她，她迎上来要抱我，而我只是远远地躲在门后面，躲避着她的拥抱、她的关爱，还有她说要补偿给我的母爱。三年了,有些东西真的能补偿吗?谁能补给我三年在爸爸妈妈怀里撒娇的权利,没人能够。然后,我看到了她眼中滴下的泪珠,我想,是真的伤到她了吧。可是很长一段时间,我依旧没有叫她妈妈,尽管她无数遍地教给我妈妈这个称呼。小小的心里无数遍地呼唤妈妈,可是从来没有叫出口,也许是恨他们把我扔开三年不管吧。

我是他们的孩子啊,为什么他们三年不见我也丝毫没说过想我,这样,我算什么。

好长时间了,邻家的孩子戏说我不是爸爸妈妈的孩子。我哭着和他们争执,可是他们说我从未叫过他们爸妈,又怎么说是他们的孩子呢?那一天我哭得好伤心,记忆中第一次痛苦到撕心裂肺,也是那一天,我第一次叫她妈妈。

我无法描述那一天我和妈妈哭在一起的场面,苍白的语言和匮乏的词汇已不足以描述那个场面,只是我终于感觉到,妈妈是爱我的,即使那份爱未曾溢于言表,那也是爱我的。

也是在那天,爸爸告诉我,妈妈把我带到世界上的那天是最难的一天。为了我的安全,妈妈几乎不要自己的命了,失血过多,医生都让爸爸在病危通知书上签字了。可是妈妈是坚强的,她最终还是硬挺了过来。爸爸说,妈妈在这个世界上最留恋的就是她未曾晤面的我了,是我给了她活下去的意志。爸爸还说,妈妈的生命中有好多年是很苦的。妈妈幼年父母双亡，她不得不过早地担起家庭的重担，哥哥弟弟一家五口的生活，全靠她这个家中唯一的女孩子照顾。了解到这一切，我心中的感触无法表达，只是想到一句话：我要对妈妈好，用生命对她好。

恍惚中，已逝去十五年了，过去的十五年，妈妈总是用事实教我成长，就像她说的，"没有跌倒过怎么知道疼的感觉"。

所有的事她都让我自己感受，即使会输得很惨，也要自己站起来，那样，长大的我，才可以让她放心。我似乎明白了，那么小把我送出去，也许是她给我上的第一节课，她要教会我独立和坚强。

而现在，真的要离开妈妈了，虽然是为了学业，但分开是真实的，不舍也是真实的。开学那天我没有让她来送我，也许是怕看到她眼中那份不舍和担心，最怕的是我们都会流泪。可是我明白，我总会长大，会有自己的生活，我必须证明给她看，我自己也可以！

妈妈，今天坐在这里，写下这些埋藏在心里十五年的感情。我不会用华丽的语言去修饰它，因为那份爱就是一首最华丽的歌。妈妈，感谢生命中，有你陪我一路走过……

依稀记得的阁楼

李宇涵

外公去世后,早已记不起多久未来阁楼,只是依稀记得阁楼曾一度让我难以释怀。

推开木门,是形若游丝的悲伤,梅子青时,思念成了匕首抵住咽喉,想念到无法呼吸。

亲爱的外公,其实,思念也是一种病。

孩提时,生长在依山傍水的小镇,拉着外公的衣角,步履蹒跚。外公是镇上小学的校长,知识渊博,为人忠厚,在镇上很有威望。都说"隔代亲",小小的我并非泡在蜜罐里成长,外公是理性的人,他坚信"宠"是飞不起来的龙。因此对我的管教颇为严厉,甚至是苛刻。四五岁的嘴最馋,家长们都把太多太多的零食供给"小皇帝""小公主"。望着别的孩子津津有味地吃着各种各样的零食,我只有流口水的份儿。外公是排斥女孩儿吃零食的，这是他心中的"四不雅"之一。唉！童年的我何曾有漫天棉花糖？

缠人烦的年龄说到就到，偶尔我也会捣捣鸟窝，捉捉雀儿，田野、山坡，哪里热闹哪儿就有我小小的雀跃的身影。外婆束手无策，外公扔过几本书，有时整整一下午我都沉迷书中。外公很是得意，夸赞我孺子可教。

阁楼是外公的圣地，自然是闲人不得进入，怕坏了这一方净土。他的闲情雅致搁置在几番敲打的工艺拼图。关于拼图的渊源无从追及，外公把拼图成品用巴洛克风格的巨型相框装着，是很好看很独特的艺术品。我幼稚的涂鸦，不好看，却成就了他钟爱的素材。他说，一道道坎，一块块图，是一样的理儿。我也就茫然地跟着念，不解其意。

童年的日子，多半是待在阁楼上与外公一起拼过来的图画。

后来，父母把我接到城里，可我对那小小的阁楼倾注了感情，依依不舍。于是死死拽住外公的衣角，眼里噙着泪花，执意不愿离开，可这时外公的手却徒然放开……

2002年的冬天格外寒冷，飘扬的雪，如同我的心一样支离破碎。外公的日子到了末尾，无边的伤痛浸透了我的心。那一方矮矮的坟墓前，外婆哭得撕心裂肺。姨带走了外公所有的遗物，外婆就常去阁楼，去一回哭一回，难以释怀。

如今明白外公是经历过大磨大难的人,他的每一次经历就似一块美丽的拼图,合在一起,就拼凑出了他多姿多彩的人生。

我说,再入阁楼,我定要笑着出去。

守 候

张薇薇

> 有一种温暖，总是游离甜蜜和担忧之中，那滋味便是守候。
>
> ——题记

暮色四合，习惯性地打开一盏灯，橘色的光一下子渗进了每一个角落。墙边的藤椅沐浴着微光，静静地守候着我的到来。深深地吸了一口空气里微甜的气味，那是为父亲特意到糕点店定做的蛋糕。今天是他的生日，而且是他的本命年。

坐在藤椅上微微晃着腿，仔细分辨着楼道里每日往复不断的脚步声。这些声音在冗长的楼道里，或忙乱，或轻缓，或欢快，或沉重，一遍遍回放着，在各自诉说着回家的心情，充盈着多少家的喜怒哀乐。

外面的广场开始放着庞龙的《你是我的玫瑰花》,曲调在广场上盘旋着。这是父亲最喜欢的一首歌,犹记得父亲带着我刚搬进这幢楼时,手机设置的铃声便是这首歌,时常响起。那时我总是笑他老土;可如今,父亲连这老土的爱好也放弃了。他哪里还有这份闲心呢——早晨他的心融进了温热的豆浆里,午后他的心投进了纷繁的工作,傍晚他的心嵌进了回家匆匆的脚步里……他的心那么忙,怎舍得为爱听的曲子留出一片空地。

外面不知什么时候飘起了雪花,而父亲那熟悉的脚步声还未在楼道响起。我一跃而起,奔向窗台,却望见楼下的路早已被积雪覆盖。在这座快节奏的城市里,连雪都来得那样气势汹汹。

空气里蛋糕的香甜已凝固了许久。想到父亲此时还要忍饥受冻,我就披上外套,到衣柜里翻出一件父亲的棉衣。在向门口走去的一霎,想了想,还是收回了准备关灯的手。

刚走到门口,就听见了我熟悉的脚步声自下而上传来。我忙收住了正准备迈出的脚,撤到门后掩笑,等待父亲惊愕的表情。门锁转动,门上的感应灯应势而开,如一朵明黄的花娇媚地绽放,映亮了父亲微笑的脸:"鬼丫头,就知道你在等我。"

这回换我摆出一副惊愕的表情:"为什么?"

"老远就看见家里的灯亮着呀。楼下的路都被雪封住了，我就循着灯走的。"父亲摸了摸我的头笑着说，"天天看到家里的灯，就知道我家丫头在守着哩。"

哦，亲爱的爸爸，你可知你每日稳重的脚步声，也是我最温暖的守候？

一声脚步代表着一家的守候，一点儿灯光是守候者内心的期盼。

守候是甜蜜的担忧，是温暖的寂寞，是开在黑暗中的一朵散发馨香的莹白的花。

一颗沙粒对风的情意

纪 丹

屋外无风，沙粒静静地躺着。

屋内烛光点点，一张四四方方的桌上叠满了作业，母亲就坐在我的身边，哪儿也没去，盯着我写作业，连喝水也不让。好不容易完成了一样作业，我想停下来伸个懒腰，找点儿吃的消遣消遣，人还没有站起来，就被母亲一把按了下去："作业都没做完，就光想着休息，一堆作业你得做到什么时候？我告诉你，如果在八点之前，你没做完作业，那剩下的作业就不用做了，撕掉了干脆。"母亲用严厉的目光盯着我，我抬头看母亲一眼，熟悉得近乎陌生。我感觉自己就像尘土里的一粒沙，被踩在脚下，扑哧、扑哧的声音是沙粒的疼痛，是沙粒的呼喊，却没有人听见。只有沙粒自己痛苦，只有沙粒自己能感受到这环境的艰难。心里有种说不出的悲伤的感觉，一直翻涌。也许是惊惧母亲言语的无情，最终还是达到了母亲的要求，只为了早点儿离开这魔咒般的屋子。一颗沙粒在自己的世界里飞奔，写作业的速度快了起来，做完，抽身离开，对于一旁的母亲是不想搭理一句的。

如今来到另一个读书的地方，想不到作业数量跟着疯长。

屋外有风，细微的，沙粒沉在尘埃的深处，飞翔的欲望还没有点燃。屋内依旧烛光点点，一张四四方方的桌子上，叠着一堆一堆的作业，母亲依旧坐在我的身边，她见我惶急赶作业的样子，转身递给我一杯热腾腾的茶，语气温柔了："别着急，慢慢想，相信自己一定行。还记得小时候你在写作业，我在旁边催着你的事儿吗？我就是为了提高你的速度啊。"听了这番话，我心里咯噔一下，我以为母亲是狠心的，原来是她在培养我啊。这时，风大了些，呼呼的风像是从远处飘来的掌声。风分明感受到了沙粒的痛、沙粒的伤，想要带着它飞扬，沙粒快活了，它完全沉浸在这一时，这一刻，哪怕这只是瞬间。"累的时候可别忘了给眼睛做一次体操啊！"沙粒听到了风心底吹来的声音，它的眼睛有些模糊了，加快了飞扬的速度，在心里一遍遍感谢风的陪伴、风的絮语、风的理解、风的奉献。

母亲，您就是风，而我就是那颗沙粒。一颗沙粒的窄窄心田里也会开出一朵花来，为着感恩风的陪伴，在不久的将来，一定会的。

清 茶 之 爱

庄 莹

午后,母亲开始泡茶。随着淡淡的茶香袅袅升起,我整个身心都放松下来。轻轻吸一口气,顿时通体舒畅。

已记不起是从何时开始喜欢喝茶的了,只记得那是源于母亲。

母亲喜欢喝茶,所以,每个寂静的午后,母亲都会泡茶给我和哥哥喝。她常常一边泡,一边对我们说:"这茶可是宝物,喝了茶,你们下午就不会口渴了,上课也会有精神,不会打瞌睡了。"说这话时,母亲微笑着,双眼微眯,在午后的阳光下,一脸的和蔼。

我那时还小,不懂得品茶,只觉得茶入口时有点儿苦涩的味道,所以不大喜欢喝。而母亲则往往笑着看着我,说:"孩子,你刚尝茶时是苦涩的,可过一会儿就会感觉到它的甘醇了。生活总是这样,先苦后甜。"我似懂非懂地点了点头,端起茶杯,喝了一口,茶水顺着我的喉咙细腻地往下滑,仿佛一股汩汩的泉水。少顷,甘醇的茶香便从口齿一直蔓延至心间。后来,我逐渐爱上了喝茶,也深深记得了母亲说的"生活总是这样,先苦后甜"。

"茶泡好了,快喝吧。"母亲的话把我从思绪中拉回现实。

端起茶杯,喝一口,一丝苦涩掠过舌尖。

青春期的叛逆,曾在我和母亲之间挖下一道深深的壕沟。如果说冲动是魔鬼,那么青春期的冲动就是一个骄横野蛮、横冲直撞的魔鬼。我开始对母亲指手画脚,开始对她的千叮万嘱感到厌烦,开始对她特意为我买的东西失去兴趣,开始事事与其作对……

即使有时想慢声细语地与她沟通,但话一出口,不知怎么就带上了火药味,有了顶撞的味道。

尽管我知道,母亲那是为了我好。但我仍用自己那刚刚长成的犄角,把自己和母亲撞得两败俱伤。

白色的茶杯,琥珀色的茶水慢慢减少。一阵茶香开始从舌根萦绕开来。

初中了。离家,住校。

于是,每周总是匆匆回来,又匆匆而去。

每次回家,便少了很多争吵。母亲看我的眼神,也多了几丝思念。每次一进家门,迎接我的总是温暖的排骨汤或者解渴的清茶……

那时，刚升上初中，我深知身处这样一个重点中学，学习竞争肯定激烈。然而，接踵而来的一个个成绩还是跌破了我的想象底线。在这个强手如林的班里，我积攒已久的自信与坚强被无情地撕裂、摧毁……我苦心经营的自我世界骤然间轰然倒塌。

黑暗，无边的黑暗……

忽然，前面出现了一丝光亮。仿佛抓住了一根救命稻草，我沿着光亮，向前，向前……哦，是母亲。

是的，是她。是她把"失败是成功之母"这种三岁小孩都会说的老掉牙的道理一次次、重复地讲给我听；是她告诫我要分析错误，找到方法；是她跟我说尽力就好，别太在意结果；是她调侃地安慰我"这样进步空间不是更大了吗？"……纵使没有华丽的语言，我却从中得到了最好的慰藉。

在母亲的鼓励下，最终，我走出了阴霾，适应了新的环境。我知道，我不是一个人在踽踽前行，在我身后，还有母亲源源不断、无怨无悔的爱。而我的努力，就是对她的最好回报。在不懈的努力下，我准确地找到了自己的位置。而当我终于成功时，我看见，母亲的嘴角，是掩饰不住的笑意……

思绪间，茶已饮尽，口齿留香。

母爱如茶，而我已嗜茶成瘾，无论是那刚入口时的苦涩，还是过后的甘醇，都将是我最美好的回忆……

一抬头，忽然瞥见，不知何时，时间的车轮已在母亲的额上辗出了一道道印痕。原本乌黑发亮的发丝，也已悄悄染上了白霜，我心中顿时一阵触痛。

母亲，您的女儿长大了，是时候该让我为您泡一杯清茶了……

不会变的是母亲掌心的温度

安 欣

从惬意地躺在摇篮开始,母亲的手一直温情地抚摸着我的脸。成长的道路上,最令我熟悉的是母亲手心的温度。不管是风雪交加的冬日夜晚,还是烈日炎炎的夏日中午,还是……母亲手心的温度,永恒不变。

一个人在家,感到冷清、寂寞时,我总喜欢回忆母亲手心的温度。

那也是一个冬天,寒冷的风肆虐地撕咬着大地,连在大雪中巍然屹立的青松此时也冻得直不起腰;花坛里仅剩下的几朵月季冷得蜷缩成一团……我那冻得通红的手不得不为期末考试做着最后的冲刺。一阵冷风萦绕在我的周围,让我摆脱不得。

门,轻轻地被打开。一阵轻轻的脚步离我越来越近,一双热乎乎的手心疼地抚摸着我冰冷的手。我转过头,妈妈柔情的目光流进了我的心里。妈妈的手心温柔地抚摸着我的脸，我凉凉的脸感受到了母亲手心里的温度。一股暖流浸入了我的每一条血脉。此刻，我能听到妈妈的心跳声以及对母爱的一种真情阐释。我拉过妈妈这双为家里付出的手，这双温暖别人的手，每到冬天，冻疮就会爬上这双手的手背上。我心疼地摸过一个一个疮痂，心头辣辣的。但是，只要我握着母亲的手，来自母亲手心的一股暖流就暖进了我的手心。我的心触动了，放下妈妈的手，我的头一直低着，镜片后一直噙着一汪泪，心头很热，就是不敢流下。我一直矜持着，直至我听见妈妈的脚步声离我越来越远，我慢慢抬起头，放开心情，泪流下，滴到我的书上，润开……

时常一个人在家，感到冷清、寂寞时，不知不觉地就会回忆母亲手心的温度。想着想着就睡了，半睡半醒时，我常常感觉妈妈回来了，用手摸过我的脸，手心的温度没有变。

品味妈妈手心的温度，我总觉得她就像是一杯热茶。寒夜里，饮她的温馨；寂寞中，品她的清醇；孤独时，悟她的淡泊。一生一世饮的都是她点点滴滴的关爱、丝丝缕缕的柔情……

这么多年了，有过无数次风雪交加，有过无数次烈日炎炎，有过无数次大雨倾盆，有过无数次阳光明媚，但是，抚摸我脸的那双手不变，她手心的温度不变。因为，她对我的那份母爱不会变！

让自己奔跑起来

我和书一起孤独

李晓阳

有些书有孤独的灵魂,落魄的书生将青衫的袖口翻卷,泛黄的是衬里上溅落的墨迹,那墨迹划过的是一片孤独的旅程。

这些精灵都是从山岭上下来的,蹚过浴水河,佩戴着冷冽的藻玉,带着千年前龟骨上博大幽渺的气息,它们是神龙的派遣,带给一个民族千年的孤独。

他们会在山野间跳跃,在江月下沉吟低回,他们会坐在山庙的枯井台阶上,期待并等待着后人在他们已经写好的墨迹上跳舞,跳舞者也舞成一片孤独的墨迹,继续摇曳孤独的精魂。

隐在窗纸上书生夜读的剪影中,多么想,那中有我。

那扇书斋的窗纸是顶顶有趣的。十年寒窗,十年孤独,无论窗外的繁华是否已将大地填满,无垠的天空是否已被热血染红，而这寒窗另一侧的书香却是一如既往的寒冽，也许这寒窗便是被那满堵的孤冷之气给冻着了吧！

而那书斋之中的人呢，却是更需要一颗孤独的心，那薄薄的纸窗是最最可怕的，它的可怕在于，它只是一张薄薄的浊纸糊的，只需用濡湿的手指轻轻地一戳，噗的一声就可以挣脱这份寂寞。

我常喜欢在书店的长长的书架前游晃，让指尖滑过密密的如士兵排列的书脊，凭着指尖的敏感，一次次地寻找到一个个游走的孤独灵魂，就像在如烟似海的时间的苍茫中，寻找到一片烟墨水渍。而我却找到了它，可以说是那两份孤独的相互吸引，也可以说是它选择了我，而不是我找到了它。因为书有一份孤独酿制出来的骄傲，如果得不到它的承认，是无法解读它的。这也就像戳破了那层窗纸的书生，永远也抚不平书角的褶皱一般。

我想到了千年前在溪边"独钓寒江雪"的超迈古人，那时候，周围的雪花也许会产生阵阵清香，诗人就沉醉在这亘古无双的清香中不能自拔，快乐不已。

如今，沉浸在如林书籍中的我，仿佛成为悠远古代的一个隔窗阅读的书生，在和那些文字的精灵进行灵魂的约会。

看到麦家的一句话，他说，让他远离媒体、远离屏幕，让自己保持一份孤独。他是一个读书人，与书待久了，一颗心也会渐渐孤独了。这和那个江边垂钓自己孤独灵魂的诗人智者是不是殊途同归？此时，我要询问的是，古代的诗人和今天的麦家，他们的孤独中的清香是否能和别人一起分享？或者说，一本高妙的图书中孤独的清香是否能和别人一起分享？

　　我浸润在一片书香中，虽在凡世，心灵却时刻有超尘之举，读书人的精神便是这书堆砌出来的。有人问一个学者，什么时候我也可以像您一样，回答是再坐十年冷板凳吧。我知道，他说的冷板凳，实际上是一本本外表冷漠的书，是读书人将冰冷的书感悟成了飞翔的翅膀，使自己得到升华。

飞　翔

仇　宇

又在深夜写日记了。

听着家人静谧的呼吸声，我有些惶恐：这是不是一个不好的习惯？没来由的，夜与我结缘。在黑暗的潮水淹没我时，许多画面纷至沓来，思绪便似脱缰的野马，收拢不来。

诚然，白天也是阳光灿烂十分美好的，但它是理性思维的天堂，而夜自然是感性思维的发祥地。在它的茧壳下，你可以读一些温柔雅致的文章，可以写几篇心情小品，身体与心灵便得到了极大的放松。尤其于我，在忙碌一天后，微醺于这样的氛围中，一股古朴、宁静、幽远的文化气息便摆脱白日的喧闹向我走来。

而白天，你永远不能。老师的耳提面命，桌上堆积如山的参考书，漫天飞舞的试卷，永远掩盖不住的黑眼圈和吃饭一样随便的考试,让人格外忙碌、紧张、清醒。初三的最初一段时间很难熬,在高强度的训练下,人变得恍恍惚惚。每每看到初一初二的教室,总有身在地狱仰望天堂的感觉。

于是,在夜里做着梦,幻想自己不会长大,重新成为没有烦恼的婴儿,飞到"无忧岛"。每每在熬白的灯光下做题,时间久了,眼前就会出现一道道幻象——红人、铁钩手的海盗、智慧而调皮的彼得·潘。现实永远残酷,我也明白这些故事如同五颜六色的肥皂泡。不想长大,不想变老,这只是仙女出现时才能被满足的愿望。所以,试着去学会让心不变老,让心永远保持青春的活力与张扬。

夜为翅膀,让我飞至想象的世界,采集思维的雨露来滋养心灵。

飞翔,借助哪吒的风火轮,飞到"小桥流水人家"的所在地,从清澈见底的"小石潭"里,掬一捧水,泼往脸上,洗净留在脸上的疲惫与无奈,恢复属于我的清纯,为远行准备好行囊;飞翔,借助悟空的筋斗云,飞到一望无垠的内蒙古草原,骑上骏马,尽情地驰骋。在地平线上,与太阳一决雌雄,与月亮一分高下;飞翔,飞到冰清玉洁的北极,和冰山共融;飞翔,飞到浩瀚的大海,与浪花共舞!

心不累,万物皆美好。所以下雨也好,迷路也罢,我还是不要停止成长路上的飞翔。管他花季雨季,我只知道我左边眼睛里充满自信,右边眼睛里充满骄傲,双眼一起蒙眬时,却不会抛洒泪水,因为成长是每个人的骄傲。

夜里,让心放松,力量重新回到身上。那么,明天,让心向着阳光照射的地方,飞翔!

那段有火烧云的时光

刘宇珊

　　下午六点整。道路的尽头赶来风尘仆仆的6路公交车。暮秋合上手中的小说,下意识地瞥了一眼从学校到车站的林荫路,空荡荡的。心微微有些失落,今天,应该遇不到他了吧?

　　公交车向家的方向驶去。暮秋呆呆地望着天空。天边的火烧云,为了他们想要的美丽燃烧得肆无忌惮,繁密而略带忧伤的模样,像极了自己此刻说不清道不明的心情。

　　追溯到一年前的秋季,那时暮秋发现总有一个男生会和她一起上6路公交车。应该是初三的学长,看上去不怎么帅气。戴着眼镜,很斯文,面目清秀,笑起来温柔得体,却又带着淡淡的疏离。每一次上车总是沉默地坐在单人坐,发呆地望着天空。有的时候和同伴有一搭没一搭地聊聊天,不温不火的样子。

而今天因为做值日的原因,这么晚才回家。要不然,应该会遇见他的。

这个时间的6路车,一般人很少。空荡荡的车厢,只有暮秋一个人。

行驶到下一个站,刷卡机传来一声清脆的女声"学生卡——"。暮秋下意识地转过头去看,却发现是他。怀里搂着一堆书,镜片后的眼睛有些疲惫。一瞬间的愣怔过后,暮秋反应过来,下个星期初三月考呢,应该是复习到那么晚吧。

看着他走到平常坐的位子坐下,暮秋不知道为什么心里那些失落的感觉,一扫而空。

窗外的夕阳照亮了他的侧脸,线条分明。逆光而来,看不清面部的表情。但暮秋想,应该是紧张而有些累的样子。他静静地望着天空,应该是注意到美丽的火烧云了吧,他发出一声惊叹,呆呆地看着,然后手忙脚乱地翻出口袋里的手机,将火烧云照下来,又照得不满意,一遍遍重新来过,不厌其烦。

暮秋注意着他的举动,轻轻地笑了。心底有一块地方,忽然变得很柔软。

也许这样就好了,只要能这样静静地,能看见他,能淡淡地遐想着,这样就好了。虽然不认识他,但就那么觉得:青春的这一段日子,因为有他,所以有安心的温暖,亦有莫名的心悸。

就像是天边,他正看着的火烧云。

要下车了,暮秋走到门边,他还在认真地拍照。此时的火烧云仿佛因为有他的注目,惊艳得不近情理。

忽然"啪——"的一声传来,暮秋看去,他的几本书散落在地上,手里抓着手机。怀里还有书的缘故,他站不起身去捡地上的,一时呆住。

暮秋也愣了愣,书只离她一步之远。

她又抬头看了看男生,发现他也在看她。

空荡的空间,窗外连绵的火烧云。四目相接,他的窘迫落在她的眼底,她的犹豫落在他的眼底。

最后暮秋慢慢弯下腰,一本一本捡起,不自觉地脸有些热。这是一年以来,他们唯一的真正的交际。

递给他,暮秋感觉到自己的手有些发颤。而男生的窘迫换成善意而友好的微笑,伴随那一句:"谢谢。"

暮秋摇摇头,回他一个微笑。其实他不必说谢谢,要说谢谢的人是她。谢谢他给了她这一段时光,不谈朝夕,不问岁月,单纯美好,青涩宁静。

下了车,暮秋瞥见男生还在望着自己。

而天边的火烧云,依旧燃烧得如此美丽。

珍贵的掌声

刘子悦

那天，学校的讲演会场上，人头攒动，目光交织，一阵阵掌声把一个个演讲的同学推上演讲台又送回原座位。

又一阵掌声响起——轮到我上台演讲了。我忙把捏得满是褶皱背得烂熟于心的稿子放进口袋里，起身走向演讲台。每一个脚步都似乎踏响一个声音。班主任说："这一次一定要讲好，为班级争光！"班长说："这可是大家对你的信赖！"几个知己说："千万别给哥们儿丢脸！"……我的心跳得厉害，就像面临一场严峻的战斗考验——这是我第一次参加演讲比赛啊！来到演讲台前站定，我的目光与台下无数道目光似乎碰撞出一片闪亮的火花，腿不禁有些发抖。在拿起话筒的那一瞬间，我的脑海里竟是一片空白。怎么搞的……怎么会忘记，唉，真急死人啦！虽然是初春，微拂的东风仍然料峭，但我却感到一股热气直涌上脑门儿——脸烫得简直着了火,一定红得像关公,鼻尖上分明渗出了汗水。全场静静的,大家在翘首等待,等待……时间和着心跳的鼓点艰难地向前推移。

不能再僵持下去了!我下意识地咬了咬嘴唇,下定最大的决心把手伸向口袋去掏演讲稿……可就在这一刻,一件令我倍感意外的事情发生了:台下响起雷鸣般的掌声。我知道,这绝非出自于对卓越的演讲者那扣人心弦的精彩演说的赞赏,而是表示对一个站在台上很久木偶一般说不出半句话来的失败者的鼓舞——绝对是鼓舞而非讥讽或起哄。我的信心被这如同火焰般持久的掌声烧得蓬蓬勃勃,我努力地定了定神,悄悄地把抽出了一半的稿子塞回了口袋。镇定!放松每一根紧绷的神经!我暗暗地鼓励自己。蓦地,那个演讲题目电击一般闪现在脑际,我立刻把话筒贴近嘴边:"很抱歉,大家的掌声让我激动得好半天讲不出话来。谢谢!今天,我演讲的题目是《我们对待困境要有信心》……"台下顿时扬起一片笑声,随即又爆出一阵风雨般的掌声。

于是,在大家信任的眼神里、温暖的笑容前,我鼓足勇气,时而如洪水决堤,时而如轻风拂柳,声情并茂地讲完我的内容,赢得了成功。

于是,在大家热烈的掌声中,我深情地做了九十度的鞠躬,如释重负地走下讲台,回到了频频向我点头致意的同学们中间。

于是，在后来的日子里，我学会了给人以掌声，尤其是当他身处困境，可能屈服的时候。

　　是啊，掌声是弥足珍贵的，它不仅能使胜利者领略自己人生的风采，更能使失败者看到希望的曙光！

让自己奔跑起来

许雪菲

偌大的操场,急促的、微澜般的、厚重的心跳声,盖过校园里所有的呐喊助威声,直抵我的耳膜,撞击着我的心房。我大口大口地用力呼吸新鲜空气,企图抚平我的紧张和不安,站在跑步决赛的起点,看着同学们热切关注的目光,是什么压迫着心脏,让我感到无法呼吸?

昔日静谧的教室,沉着的、整齐的、平稳的笔摩擦纸页的声音,所有的学生都一丝不苟地答题——这是升入初三的第一场考试,谁都知道这意味着什么。好成绩会使老师刮目相看,坏成绩则会使心情跌入低谷。笔尖在试卷上划过,留下我们为梦想而努力的痕迹。

是压力,老师的眼神、同学的目光,热切地向我递来,我感到一种前所未有的重量,压在我肩上——为班级争光。裁判也已就位,选手们蓄势待发,我还在顾虑着我绝不能出糗,砰的一声,我冲了出去。

我看见老师用诚恳的目光,扫过我们每一张脸:"初三是至关重要的一年,你们将会迎来决定你们前途的一场考试,同时,你们将会面对更多的困难、更多的压力。不过,不要怕,越是有压力,越要让自己奔跑起来,将它们统统抛之脑后,你要坚信并做到的,要给自己信心。"

我觉得风嗖嗖地从耳边掠过,自己却渐渐落后于他人,听着各处传来的加油声,我的脚步却越发沉重。倏忽间,有一个声音从看台上传来,点燃了我心中某处欲燃的火星:"加油!为你自己,奔跑起来!"我心豁然,抬起头,望着如生命般鲜艳的红色跑道,我疾步向前奔跑起来,终点是如此美丽,引领着我的生命不断攀登那胜利的顶峰。

老师的话如暮鼓晨钟,响彻我的耳畔。我明白了我应该怎样去面对初三巨大的压力,我需要无坚不摧的毅力,面对困难平和的心态,对自己毫无疑虑的信任,这才是让我在初三跑道上奔跑加速的必备燃料。为了自己今后绮丽的年华、前方灿烂的梦想,让自己奔跑起来!

我的思绪飞转,灵光一闪,这道题轻松地解开,我在心底发出一声久久的、欣慰的、尘埃落定的长叹,我终于找到在初三生活中执着的方向,去追逐雷和闪电的力量。

追 风

苏 马

> 谁能挽留风？谁能绘出风的影子？谁能责备风的步履匆匆？其实，追风的人自己也是风。
>
> ——题记

一

上了船，瓜洲渡口清晰可见。

站在栏杆旁，江风撩起头发，把夹克鼓成风帆。我执意要站在最高层，去感受这跨越千年的万里长风。

风，无声地袭来。它来无影去无踪，自由而又缥缈。"美的事物是需要追寻的，我们恋慕风，就像恋慕我们的生活。"忽然，心中有一种感触。于是我抬头瞭望——风依旧还是风，呼呼地吹着。但恍惚间它带着千年的文化，带着历史的沉淀,带着沧桑与古老穿梭在江面上。

我不禁伸出双手,追寻着,感受着。风,清新,混着江水味,迎面扑来。慢慢地,世界沉静了,我的心也沉静了。

追逐风,追逐那份宁静,抛去繁华的喧嚣……

二

讲台上,老师在黑板上指指点点。

不知何时,已对这种生活感到麻木。教室里是死一般的寂静,只剩下老师絮絮叨叨的话语,山一般的作业压得我喘不过气来。索性合上书,看着手表,数着秒钟。

铃声如天堂之乐跳了出来。

谁都没有犹豫,背上包,立即就走。教室里只剩下一排排歪斜的桌椅和呆愣着的老师。

走进熟悉的巷口,却悄然从心头涌起一层疲惫,茫然望着前方。

风呼呼地吹着,将我从呆愣中带出来。被风吹得碎碎的头发也顾不得理顺,只顾逆着风奔跑。幽幽的路灯发出的光,突然出现在路口。抬头望见那缕灯光,心中也升腾起希望的火光。黑暗的尽头是黎明,风的尽头是灯光,茫然绝望的尽头是希望。风在,希望在!我紧握着拳头,将目光定格在充满希望的航程。带着风的希望,我重又踏上车,出发!

追逐风,追逐希望,追逐黎明前的曙光……

三

考场上,笔尖在纸上唰唰地划动。

艰难地迈过一座又一座的路标。

可梦想总是被现实打破。

我又一次选择了放弃,放弃一场美丽却又虚幻的梦,放弃一种心里的期望,放弃一个无言的守候……梦想已被现实碾得支离破碎,飘荡在风中。我踏车逃离现实,却迎面遇到了风。

风吹着,前赴后继地向前涌着,不可阻挡。它穿越、绕过,但从未放弃,从未迷失方向,每时每刻向着一个方向追逐,从未停过对梦想的追求,它奔跑着向前。

风虽看似漂泊,却有着方向。

我虽暂时失败,却仍有梦想。

我迎风追寻自己的梦想,我会学着承受苦痛,永不言弃,把泪水贮存在抵达梦想彼岸的那天,哪怕流它个大海汪洋。

追逐风,追逐我的梦想,追逐执着的方向……

四

坐在窗边，跷起脚。

风掠过，我伸手拽住它的尾巴。

风说："你应该追逐你自己，而不是追逐我，追风的人自己也是风啊！"我顿悟，松开紧握的手，风飘走。

风吹过，不留痕迹，却留下了我。追逐风，追逐自己，追逐宁静，追逐希望与梦想，或许我会快乐……

由喝彩联想到的

刘宇珊

三声下课铃响后,我望了望天。

天空阴沉沉的。铅色的压抑那么深,那么浓,仿佛能将人的意志全部吸走。天空总是高高在上,俯视着渺小的人类,深不可测地冷笑。那么天空,此刻,你又能读懂我仰望你时的悲伤吗?

正在想着,班里突然爆发出一阵热烈的喝彩声。我愣着回过头,大屏幕上的同学正鞠躬谢幕。同学们的脸上都挂着开心的笑容,鼓掌鼓得手掌都红了。

我眨了眨酸涩的眼睛,没有鼓掌。再望向天空,忽然想起一向很忙的爸爸终于答应我明天去爬梧桐山,心中泛起一阵酸涩。

眼看着成功就在眼前,却功亏一篑。坐在台下看着那个我曾梦想的舞台却不属于我,这样的失败,我又能如何高声叫"好"?

第二天,爸爸如约带我来到梧桐山。

阳光晴好。秋季的爽朗笼罩着眼前翠色的大山。天空淡蓝般温柔,而我的心情却依旧似昨天的铅色。只是时间久了些,不再那么悲伤,而是麻木的沉默。

安静地爬山。不时遇上同龄的孩子,成群结伴。他们的脸上都有着青春明媚的笑容,女生们谈笑着,男生们唱起古老的山歌,迎来一片喝彩,山谷里回荡起一阵阵欢乐的回音。

我也渐渐忘记了伤心的事,融入了山间的欢声笑语中。青山静静屹立在太阳底下,一层层半透明的雾笼罩在它们的头顶。曾在一本书上看到,雾以为它遮蔽了山峰,其实它正装饰着山峰。今日看来,正是这样的风光。

走到半山腰,我已完全将伤心的事抛到了九霄云外,像往常一样蹦蹦跳跳。忽然拐了个弯,竟是一条下坡的路。我诧异地止步不前,问爸爸:"明明是上山为什么要下坡?"

爸爸意味深长地笑着,说:"有的时候,下坡是为了更好地上坡。"

我愣在原地。一时间好像想到了什么,却又什么都抓不住。

终于登上山顶,山顶的景色秀丽,大半个城市被包裹在雾中,带着一种朦胧的美;一条蜿蜒的山路盘旋而上,我欣喜地望着,那是我曾走过的路呀。仰望天空,还是那样的蓝,像我此时的心,明朗而洒脱。

我用手握成个喇叭,高声叫喊着。山顶的树唰啦啦地摇曳着,仿佛也在同我一起喝彩。

山谷里响起连绵的回音。

过了好久安静下来,被一阵清爽的山风吹醒,我恍然忆起昨天的事情。

充满脑海的,竟是那一声声喝彩,同学的,陌生人的,大山的,自己的。那是风华正茂的呼唤,仅是简单的一声叫好、一声鼓励而已,蕴含着青春无限。

人生路上,不是也正需要这种喝彩吗?即使,是失败时。就像爬山的路,有时下坡是为了更好地上坡,也许这一次的失败,是下一次成功的奠基。

重要的是人的心态,即使是下坡,也依旧要笑着喝彩。

眼前风光明媚,我欣慰地笑了。

失败,会像装饰山峰的雾,成为我人生中的点缀。

而且,我会为它喝彩。

执着——生命的化妆

方敏娜

　　看到逆风飞翔的蝴蝶，我收获了卑弱生命执着的清唱；眼光抵临悬崖边的一棵青松，我倾听到了岩石缝隙里不屈的呐喊；俯视到楼房夹角处的那束金色的花朵，我触到它每一片叶脉里不倦的力量。

——题记

最后一秒

　　夜晚把人们的身体搬到了床上，而你的思想开始奋力前行！

　　眼睛在黑夜中无法走远，但是你的一束灯光却拨开了我的蒙昧。在一方矮矮的屋子里，我看到了你的身影。看到黑暗在你四周节节败退。你单薄的身影此时正斜斜地画在地上，在灯光里安静无语。沉浸在求知的书海里的你，好像要吸纳所有来丰盈自己。笔在书页上耕耘，你像极了一位在田畴里耕作的农人，醉着新翻的泥土气息。母亲伛着腰披着睡衣一声紧一声的催促，你听到的催促里沉淀着满满的疼惜，合上书，安恬地安慰母亲，在母亲匀称的呼吸里你调暗了灯光。你的心中一直活跃着一位母亲的感言，最终飞越大海的往往是动作笨拙的海鸥。你坚持着，不放过最后一秒，深宵的灯火，漂白了四壁。

你用了比别人多出一倍的努力和坚持，最终迎来了全省第一的佳绩，当老师让你说感言，你只说了这样一句话："坚持，哪怕最后一秒钟，也不能放弃。"你是素朴的一首诗，坚持是其中的警句。

快乐地活

巷子里的早晨醒来得早，两边的摊点正描写着火热的段落。就势来到街上，热腾腾的面条借着筷子在嘶啦啦抒情，馄饨把自己包成丰腴的模样氤氲在袅袅的蒸气里。一吸入口的感觉，匀称而生动。他站在自己的小摊边，看着，甚是满足。

活着其实不就是这样简单吗？但是如果你活得懦弱，活得平庸，活得魂魄远离躯体，好像脸上也涂抹着笑，但是总觉得那些笑太浅，或者可以说并不是出于心底深沉的快乐，那该算是本能的泛滥。活着并快乐着并非易事。它需要你适时地付出，有时还要不计成本地付出。你计较多了，心里的快乐就像鸟羽上系了黄金，能飞得动吗？你还要知道，生活的长河里有坦荡如砥的平原，也指定少不了戈壁、险滩、黄沙漫漫，心里没有一片绿洲，你怎么能愈合被戈壁砾石划伤的疼痛？怎么不在险滩的淤泥中黯然神伤？怎么可以不被漫漫黄沙兜头罩住前行的方向？

持有一颗淡定的心、执着的心，活着才可能快乐，才可能幸福。

风干泪水

眼泪，可能是你内心伤痛的明证，我想着落下是对伤痛的分解，但是到你那里分明添了一段不了的怨怼。

考场上，至关重要的一道题，却在你的粗心里分数被狠狠减去，好像剪断了你的梦想一样。事后的你眼泪决堤，好像要淹没了自己未来的路。你恨依靠一次考试决定结果的选拔。可是这样的选拔只能漠视着你的哭诉。其实我只想告诉你，考试不相信眼泪，就像幸运不相信眼泪一样。与其在这里消耗自己，卸去元气，不如将所有悲伤转化为动力，投入到下一条河流，谁说河流的方向不是通往大海的呢？去拼搏吧，坚持下去，坚持下去。不要在情绪的旋涡里浮沉了，唯有理智才能拨开阴霾迎来云开初霁。风干眼泪，以这次的失误为经验的累积，把它当作一块跳板，执着地向生活的深涧纵身一跃。记住姜钦峰所说的话："这个世界不相信眼泪，只承认汗水。与其在泪水中消耗自己，不如在汗水里拼搏！"

逆风而行的蝴蝶，扇动撼人奋进的力量；孤崖上的青松，坐化成傲岸的风光；没有失去航向的小舟，每一个方向的风都是顺风……执着本是生命的化妆，而且从来都是。

近 未 来

蒙 骁

> 同张脸同时间换个地点
> 在渴望的梦中寻欢几遍
> 已经将现在都变成未来的旧照片
> ——苏打绿

十三岁的那天,从老房子黑暗的楼梯上摸索向下。木头制的楼板,不知会在哪一级上突然如同软肋,踩上去,微微凹陷着,不轻不重的危险。从前的我们矮个头,现在长大了,陈旧的木板发出愈加清晰的声响。十三岁那天,还睡得不知晨暮,大段大段时间用来看电视,在床上翻个身,过了半天也懒得动。枕头下塞着一两本小说,总是抱怨里面的主角获得过分容易的幸福。

十三岁时听见快乐的歌曲,又渴望着自己有成熟隐忍的脸。覆盖了城市的雨季催生出无数暗处的菌类生物，在哪个不知道的角落滋长。而此刻我们神情倦淡，一些情绪比菌类更加渺小，它们像迅速病变的细胞爬过某个地方。

第五根肋骨里，左侧三十四度，心脏边缘，手指按下去，酸和疼——就是这里。所有无法找到解释的疑问、所有不见痕迹的造作、所有半透明的落寞，都在这里着陆。而最轻薄的无知就这样把它们拉拢在身体里。那年，我十三岁。

有时候大人的愚蠢近乎一种天真，他们还在尝试用"反叛期"和"青春期"来限定每一个十三岁的我们，以为花季和雨季就是全部的世界。

入夜的闷热渗进皮肤。

看不见月夜的人狼，彼德潘的neverland也不在地图上，漫画里大崎娜娜抽的BLACK STONE哪儿也买不到，榆野卯月骑车经过的那条樱吹雪街道只在镜头后。它们全都在现实里消失不见。每一天穿过同样的马路，迎面而来的不是千年的冰原和惊动的飞鸟，眼前交错的只是挂满绳子的晒洗衣服，和路雪的爱心标志，公交车顶着不同的数字，在城市交错出繁复的轨迹。我们就在上面的某个小点前，独自时表情如同小说中般冷漠。

世事是飞快引线而过的针尖，绕成白色韧性的痂茧，包裹住未成年的躯体。

伤感的传奇于是近不了身,奇异的星辰于是只在视线以外,连下雨前翻滚的云层都越加遥远。在如常的日子里将自己泡成一片舒展的茶叶,却无法意识到痂茧外浩瀚的海水。

我们都是这样。不知何时突然变得通体锐刺,从破开的痂茧口染上异世的色彩,从此华丽颠覆了平淡的曙光,被人称为溃烂的部分突然开出惊艳的花朵。

要怎么回忆呢,那些已经很久没有想起的事情,那些安静地躺在浮草上沉默不语的表情。

那个时候还在听很老很老的歌,还穿着老套的衣服留着青涩的短发背着难看的包。

我们跟着学校的广播跟着寝室里的收音机小声哼哼,我们唱:"如果有一天,时光都走远……"

我们笑着闹着勾着肩膀从校园里走过,从教室到食堂,拿着铁饭盒一路敲敲打打如同向西的鼓手。

窗外是几株高大的香樟,它们浓郁的树荫让早晨的明亮推迟,让黄昏的黑暗提早。

大雨过后是一阵一阵清晰的香,弥漫在校园里,等风吹两个小时然后散去。

每天都会听到树顶上有风吹过的声音,像是大海安静地起伏。

总是在痛苦里等待寒假暑假,然后在空闲里等待开学上学。

在这些重复的等待和失落中，我们的校服尺码从S穿到了M，后来很多男生都开始穿L。

从小学到初中，默默地在香樟树下穿行了整整六年。

很多年过去了，可还是无法忘记那些在灯下做试卷的日子。一张一张地翻开，草稿纸上来回地写公式，然后做完收进档案夹里。

关灯睡觉。戴上耳机裹进被子里，于是世界变得很安静。

有人在耳边唱着，她们都老了吧，她们在哪里啊。

这几年我做了好多的梦，梦里的学校总是空无一人。

没有人经过，没有人打扰。

没有人抱着篮球咚咚咚地跳下楼梯，没有人背着画板慢悠悠地走进画室。

人去楼空。只有候鸟年复一年不知疲倦地飞过。

飞鸟带不走如此庞大的思念，于是它们安静地盘踞在这里，盘踞在我的梦境深处。每一天都觉得是新的开始，可是太阳落山后才发现什么都没有改变。

总有些事情让人哭，总有些事情让人笑。

刺眼的烈日下有眼泪烫伤沉默的大地。

一年一年地干枯了等待和追忆。

月 色 正 明

贝璐芳

人生是一条有荆棘的路。

人生的行走，从来就不是一帆风顺的。就如同心情，没有一致的明朗与欢乐，总有忧愤，有低沉。

欢愉的时候，嘴角是上扬的，划出最美丽的弧度；脚步是轻盈的，踩出清脆的声音；双手时不时地张开，像在拥抱这美好的一切。

悲伤的时候，独倚阑干，或静静地行走，穿行在风的抚慰与树的摇曳中，寻找静谧与安详的慰藉，却依旧纠结缠绕，走不出自设的困境。

欢愉是平常的，悲伤是常有的。

当你心绪沉重时，有人能给你一片宁静的天空释放，让你在迷惘中寻找清醒，用关注的眼光洗去你的沉重，将心灵熏染上一抹温暖，那些困境终会消失，你会豁然一笑。相信生活总是美好的，前景总会开阔，悲伤总会停止，你的身边总还有人在默默关注你。所以别放弃。远方，槐花正香，月色正明。

总是庆幸，感激生命的赐予，让我在悲伤时有人可以面对着放声地哭，不用怕被嘲笑，让我在无助时有人可以依靠。怀想起那一次的悲伤痛哭，拿着电话毫不迟疑地拨向对方，当电话接通时，所有的悲伤仿佛都找到了可以疏散的通道，一点点抽离。想起幼时哥哥的保护，像一只苍鹰站立于我的身前，可以带我飞向很远，没有危险。我的朋友，我的家人，他们都是我生命的依靠，因为他们，我从来不是一只寂寞无依的小鸟。我感谢生命的赐予，让人生不那么艰辛。

人生是一条有荆棘的路途，总有受伤流血，然而，有如此多温暖美好的人在身边，我们又怎能轻言放弃？青春不言败。相信人生不全是荆棘丛，总有玫瑰在前方盛开。所以，在每一次悲伤过后，整理好行装，换上明媚的心情，重新出发。既然前方有槐香有月色，路上有抚慰有支持，未知的陌生远方又有何畏？它是我们前进奔跑的方向！

为了自己，为了有情的他人，请别放弃。记住，当你失意时，我会送你一片宁静；当你拭干脸上的泪水，我会对你说：走吧，你看，槐花正香，月色正明。人生，很美很好，如同刘禹锡说的"山形依旧枕寒流"，人生会依旧色彩明亮。

写给自己的骊歌

李宇涵

仰起头，嘴角泛起粲然微笑。老街角，依然弥散着百年酝酿的酒香……

又有多少词可以形容时间短暂，快得是那么任性决然。一如哈根达斯在火山口的消融，那隐秘的背影，只剩留人的感伤。若干年后，才隐隐发觉：最是少年离别时，若离去，后无期。

知遇，恰在那个绵长的雨季。见到你会不禁吟起海子的诗："她走来，断断续续走来，洁净的脚，沾满清晨的露水。她有些忧郁。"你却像诗中的一张白纸，美若惊鸿，面貌清癯，让我不可抑制地想去膜拜你。这么些年，你恰是我失意时的一缕明晰阳光。

"我喜欢你是寂寞的。"聂鲁达的诗竟出自我的拙口。但，这是我对你最真挚的告白。

我们是乖小孩，却也会静静使坏，只因我们在大声宣布"半熟"宣言。于是，我开始肆无忌惮地大笑起来，没有顾及形象，即使没有笑的原因。

　　午后，我们偷偷躲在校园墙角处舔冰淇淋。毫无吝啬的阳光投射在我们的怀里，看着你耳后的光环熠熠生辉。盛夏的小草被园林工修剪得无可挑剔，毛茸茸而愈发生机。竟也童心未泯，俯下身，看不出蚂蚁世界的舞蹈，无可比拟。你安静地把头靠着我的肩胛骨，喃喃呓语，竟旁若无人。彼时，一个字，一个微笑，已经足够。

　　你说我和你，都为了此刻，着迷。

　　只是时光催人泪，当记忆尘封睡眠后，就只有你值得我去缱绻。

　　模糊愈来愈多，如苍穹蒙上的淡淡薄雾，满眼的不真切。

　　欲盖弥彰的年华，岁月里已破碎的剪影，沉淀在岁月的轮回里，拼命麻痹自己，佯装不难过，病恹恹地说bye—bye……天空中的飞鸟，我把他们遗失了，你能不能帮我找回来？

　　一直在熙来攘往的人群中寻找一种满足，一种释然，但世界太大，总有一些，我找不到。

　　于是乎，就这样离开，默默地。空气中弥漫着青草泥土的芬芳，一种催人泪下的味道，急切地要逃之夭夭，如此让我窒息。泪水模糊了双眼，等我擦干眼泪再看时，地里空无一人,悲伤的骊歌在上空飘荡,夜夜夜夜,永不停歇……

这个夏天,头一次,肩头上,失去了,你给的氤氲……

青春是一道明媚的伤,我没有哭,眼泪却流下来了。

月有清辉

仇 宇

一轮明月又如约照在门前的泡桐树上,其光如水。不闻人语,静了喧嚣;但听风吟,添了静谧。我独把香茗一盏,披衣坐在阳台上。银光流泻于这一方小天地,心顿生广阔廖远之感,一股诗情难抑。月有清辉呀,我默默地感叹。谁能想到这光是太阳发出的?月是一颗死寂的星,只因太阳的慷慨才使其有了热度。

一朵残花尚与人分享余香,人呢?"行路窄处,留三分与人行;滋味浓时,减三分让人尝"——这即分享之意。

学会分享,那么快乐就是无限的。把一份愉快化为一个灿烂的笑别在他人衣襟上,你会发现每个人都向你微笑。心有分享,则如明镜在手,映照天上的明月繁星,让心盈满美丽;也能折射自己的阳光,灿烂他人的心情。

如果悲伤，那么泪水也可如莲叶上的清露，轻轻滴入"遗忘"池，唯留一声空灵的回音。

学会分享，那么人与人就是以爱为窗，掬月光在手般和谐。当自己"春风得意马蹄疾，一日看尽长安花"时，也把这份花香贻与失意处的人。也许今后落入低谷时，松下仍有人与你一起"举杯邀明月"，抛下孤独，昂扬起斗志；仍有人帮你拂去风霜，道一声"辛苦"。分享既留别人一份希望，也为自己打开了一扇门。

学会分享，那么人就可以拥有恬淡的心境。千金散于需要之人，自己便可抛去担心钱财被盗的忧愁心情，坐拥红泥火炉，披蓑衣一件，荡小舟一叶，独钓寒江雪。任风雨肆虐，我仍以一份分享的乐趣让心满足不已。

太阳将燃烧自己的光分享给了月，让月也美丽起来，世界就每分每秒都有了诗情。当我们赏月时，地球那一端的情意仍温暖这一端的心。即使文学史中月多情的形象多于太阳激昂的形象，太阳仍默默与月分享，也许这星球之心正如它本身一样炎热：分享往往能创造更美好的境界，一份微不足道的关爱也能汇聚成大美。

清风微拂，我端起香茶，一枚月儿在里面酥酥地颤。呷一口，在心里默念："月有清辉。"

我要这样活

王向上

安静之于沉思

　　周国平说，是湖的深邃，使得湖面寂静如镜。我说，那是湖生存的方式。没有海的巨浪，没有河的湍流，在那一方土地上静静地繁衍。湖泊众多，却不平庸，因为其深邃足以让人为之倾倒。

　　就这样驻足湖边，看着它悄悄地泛着涟漪，我便深深地感受到如果人的平凡无法改变，那就请像湖水一样做一个用心灵思考的诗人，和江上清风、山间明月为伴也可以得乐，因为自己的思想与自然的真理巧妙地相遇时，仿佛万物都可以为友。所以不要怕寂寞，一个人的世界更适合思想独舞。高更沉默着刻画叶子在阳光下的阴影，毕加索细细地绘出它清晰的脉络。是寂静孕育了睿智的头脑与诗人的情怀。

我要这样活着,在安静中学会思考。

美丽之于深刻

玫瑰的美过于骄傲,鲜红欲滴的色泽带着诱人的芬芳,浓烈的氛围只存在于过鼻的瞬间,这种美过于轻浮。我独爱玉兰的洁白与娇羞,宽厚的花瓣隐于深绿的叶片中时时散发清香,这种美隐得太深,也太过深刻了。居里夫人曾说,美人难为,做得好惊天动地,做得不好黄花萎地,唯有思想和创造之花才能永开不败。

作为一个相貌平平的人,我无力使自己花容月貌,倾国倾城。我不能在妄自菲薄中毁灭,那是弱者的选择。我可以通过自身的努力,使自己拥有完美的心智。当我无法用外貌来诠释生命的美好时,那我就只能为生命添一份美丽。创造、坚韧、奋进是我所追求的,在这条追寻之路上我会学到并完善精神美学。

我要这样活着,不断修缮精神之美。

感恩之于希望

我无力感叹生命之重,因为自己的微不足道。我想赞叹所有给予生命的母体的伟大，却讨厌那种轻率的做法，所以我的感恩就这样埋在了希望中。朝着今天的日出，我内心充满感激，因为世界又赐予我新一天的精彩，正是这份感激让我对未来充满希望，任凭时间的河流在我的河床上冲刷着一道道前行的纹理。

感谢给予我生命的母亲，感谢大自然给了我成熟的思想与耕耘的乐趣。

活着真好，至少还会与希望并肩。

我这样活着，在绵延的感恩中编织希望。

用尽一生去远方

夏　廉

我一直想有一次理想的流浪,即使要用尽我一生的时光,即使很累很累了,都不会止步不前;很痛很痛了,都不觉得委屈。我只是一如既往地活着。

我站在纷繁的十字路口,看来往的车辆,看匆匆而过的行人,听汽车碾压而过的声响,听天空在唱着远方的歌:"不要问我从哪里来,我的故乡在远方,为什么流浪,流浪远方?流浪……"我知道自己的脚应该落在哪里,到不了的地方是否都叫远方?

我的远方在哪里?是行走在茫茫人海只觉孤身一人?是穿梭于鳞次栉比的楼群却如同花落深井?还是来去匆匆却无影无踪?抑或是无声无息的短暂刺痛却没有伤口,任岁月也无法抚平疼痛创伤?其实远方只是身处远方却心未到远方,还在漂泊,还在流浪。

我要流浪，流浪远方。将理想扔向撒哈拉沙漠，和三毛一起去涉足流浪；将理想扔向黄州，和苏轼一起经历腥风血雨却仍闻得见菊梅花香；将理想扔向千里冰封的雪山，和红军战士一起跋涉雪川；将理想扔向无比湿柔的拂晓，和艾青一起腐烂在暴风雨所打着的土地上。让那些长久封存并湮没于罅隙里的繁华再一次升华，学着伊格内托的样子，在树下息着、梦着、窥着世界，将自己的心牢牢钉在远方。

　　流浪者说，虚幻也是一种真实。为理想而跋涉的过程，就是我们拥有的真实。我还未流浪，只是对远方怀有幻想。

　　也许我只是站在人生路却不知何去何从的失足者，抑或是沉醉于微酸苦楚中仍是非不分的落难者；也许我只是被上帝遗忘了的小孩儿，在找不到回家的路上，抑或是拍马走过青春却依然经不起生活剥蚀的失败者；也许我只是带着无怨的心情练习着失去、承受、思念，然后悄悄长大。但我想告诉所有人，这些都阻止不了我向往理想、向往流浪的信仰。

　　背上简单的行囊，沿着生命的轨迹，和我一起梦想远方，到远方去流浪，即使用尽我一生的时光！

听　雨

王黎冰

初夏之晨，阒寂。

伫立窗前，看丝丝细雨。

倏然，不知哪里一派叮咚的钢琴声飘然而来，清澈激越，那飘落的雨随着琴声的节奏，歌咏般地紧一阵慢一阵，似乎吸纳了这音乐之魂，也变得多愁善感起来。

这是一幅别样的图画——雨中琴韵。绵绵细雨，淋浴着琴弦的节拍，悠悠飘洒，这份情致，优雅、怡然，使我不单单可以赏其姿态，更能感受其卓尔不群的诗化神韵。

我对雨有种莫名的偏爱，尤爱那如诗如诉的霏霏细雨。

有人说，雨是女性的，最富于感性。雨气空蒙而迷幻，细嗅，有一点儿清新的香味，浓的时候，竟发出青草树木淋浴后所散发的特有的清新之气。

然而，我更喜爱听雨，驻足窗台前，静静地聆听，听那雨的呼吸、雨的叹息、雨的倾诉。

清晨的雨，是静谧的。躲过喧嚣与纷扰，她悄悄地走来，伴着清凉和湿润。

午后的雨，是和谐的。在绵延的雨幕里，氤氲着云气，有种缠绵悱恻的浪漫情调。

午夜的雨，是孤寂的。听，在惆怅伤感的漫漫长夜，是谁轻轻叩响你寂寞的窗棂？

雨，不但可嗅，可亲，更可听。

你听，听听那细雨，那飘忽跳跃的音符，会使你获得听觉上的美感与享受。

在江南水乡的乌篷船上听雨，是小桥流水人家的古朴与淡泊。

在空山不见人的幽谷中听雨，是万物与山雨的和谐与共鸣。

无论是疏雨滴梧桐，还是骤雨打芭蕉、击落叶，那雀跃的雨点，舞动着的是雨的精灵。

听啊，听听那细雨。

"雨天的屋瓦，浮漾湿湿的流光，灰而温柔，迎光则微明，背光则幽暗，对于视觉，是一种低沉的安慰。至于雨敲在鳞鳞千瓣的瓦上，由远而近，轻轻重重轻轻，夹着一股股的细流沿瓦槽与屋檐潺潺泻下，各种敲击音与滑音密织成网，谁的千指百指在按摩耳轮。'下雨了'，温柔的灰美人来,她冰冰的纤手在屋顶拂弄着无数的黑键灰键,把响午一下子奏成了黄昏。"

　　余光中先生这段对雨的描写,可谓把情感发挥到了极致,真是美妙绝伦,如诗如画。

　　这些年来,为学业和生活所累,我已少有了这种心情,去静静地走入这雨的世界,静心感受这雨的韵律美;更多时候,只是随着四季的更替,麻木地应对着四季的日出日落花枯花荣。

　　今天,是雨又给了我这份久违的心境,使我顿悟。在拥挤的城市中,拥有一块自己的小小的心灵空间,让它成为你奔波忙碌的一个驿站,在清朗的启悟中,打开尘封已久的记忆,听听自己的心跳,放飞你无忌的思绪——

　　去吧,去聆听,去品味,去感受,去听听细雨那美的弹奏。

走过风雨

李桥风

不经风雨怎能见彩虹？行走在人生的风雨中，我昂首挺胸，阔步向前……

一

一场突如其来的秋雨闯入了我的青春。

雨缠绵地飘飞，如丝，如线，如烟，如雾。在这场风雨中，我收获了坚强。

"今天我们进行测试。"老师下达命令，我们这些"蚁族"，只有努力完成。手表的秒针疾速地飞转，同学们都在奋笔疾书。窗外冰凉的秋雨侵袭着玻璃窗，我茫然地看着桌上沉重的试卷，不知所措。刺骨的悲痛，让我只想逃避。

考试的结果不言而喻，我的试卷如下坠的落叶，带着一种悲凉与无奈，让我不寒而栗。我如同跌进深渊，无法面对自己惨淡的成绩，我的心与那场秋雨一起悲泣。

我闭上眼睛，对自己说——这只是暂时的，我必须战胜失败，走出这阴郁的雨季。

于是，我抖抖衣服，拍拍自己的肩膀，重整旗鼓。我从忧郁的谷底走出来，伸出双手，去拥抱那久违的阳光。

二

一场不经意的心灵之雨横扫我的天空。

这场雨悄然无声，如豆，似箭，像针，似火。在这场风雨中，我走向了成熟。

那是一个阴天，面对着即将到来的中考，我的心情变得十分烦躁。门前的风铃突然响了起来，我转过头，原来是母亲抱着叠好的衣服走进来。我皱了皱眉头，没说话。

一会儿之后，又是一阵丁零零的响声。我头也不回大声嚷道："您进来时就不能轻点儿，这风铃的声音，烦死了。"身后母亲急切地解释："不是，我是给你……"不容她说完，我便粗暴地打断了她的话说："你就不能让我有一个安静的学习环境吗？"身后是一片短暂的沉寂。我转过头去，看见母亲端着一杯热腾腾的牛奶，身体像僵硬了般，直直地伫立在那儿，眼里满是愧疚。她尴尬地笑了笑，将牛奶轻轻放在桌上，便出去了。过门的时候，她努力地弯着身子，不让自己碰到风铃，风铃却还是响了一下，像是一声无奈的叹息。

接下来母亲一直没有进来。雨还是下来了，雨点在窗外的荷塘里散开来，我突然看到了一株红莲在荷叶的庇护下坚强挺立，恍然间想起了那句诗："母亲啊，心中的雨点来了，除了你，谁是我无遮拦天空下的荫庇呢？"我刹那间明白了，母亲的爱永远是伟大的，即使被女儿伤过，她也不曾怨恨，此时我感到了无比愧疚。

那悠悠的风铃声是爱的旋律，让我心灵的天空变得越发宽广。

行走在人生的风雨中，在坚强与爱的支撑下，我将勇往直前，并且坚定地说："谢谢您陪我走过风雨！让暴风雨来得更猛烈些吧！"

拥抱阳光

寻找丢失的花朵

何杨凡

我丢失了我的花。

我在这世间彳亍,因大意失落了她,在我的梦中,在重重叠叠的街道间,我寻找她,无尽的转角,我看见夕阳下孤独的身影是一朵在暗色中盛放的向日葵,那时候我心中怀着无尽的悔恨、慌乱和绝望,在那个春日暗暗地渗出隐晦的红。

我走在日落后薄暮的路上,渐浓的夜色中,我一直不停地走着,有时走进无休止的回忆,有时走进不知何起何终的梦境。时光起起落落,宿命一点点剥离我的生命,面无表情,但是不容置疑,我的生命如此荒凉。

我躺下来,便可以闻见泥土的清香,它们埋葬了阳光和往事,当我闭上眼,什么都看不见了。

我在迷茫的梦中看见神,我想问问他时光的真相。他看着我轻轻地笑了，他说，不可说，时机未到，而我已精疲力竭。他还说，不管你现在说了什么，都终将被时光湮没，你所做的一切，都只是对时光的祭奠。

那只是一场时光的祭奠。

我丢失了我的花，我已经寻找了很久，我在夜晚的街头走过。在光影斑驳的路边蹲着一只黑色的猫，它的瞳孔是慵懒而淡漠的金黄，一阵风吹过，它的影子瘦成一朵面目全非的花，我想过去问问它，它是否曾看见我丢失的花朵，事实上当我走到它身边准备蹲下来的那一刻，我清醒地知道，没有什么丢失的花朵。我来到这里，只是想要蹲下来和它聊天。

我走在空旷的田野上，那些蓬勃生长的野草在我的脚下柔软地弯曲，因为仓促，它们没来得及寻找到一个更为优美的弯曲方式，但是生命从来都是如此的突如其来，它们已经习惯了，所以它们无比坚韧。

在现实中，我似乎总是惶惶然不知所归，只有在我怀念着年少时光的时候，我的心才是愉悦的。

少年的时候，我曾在梦中看见大段大段优美的文字。它们在我的梦中滑落。我醒来后一无所获，依旧两手空空，不得要领。很多年来，我的生活一直处于这样的局面，是时光带走了我的花，让我一个人独自荒凉欢喜。

我丢失了我的花朵，年少时光在混合着青草香味的土壤中远去，在那颗远去的心中，间或还在梦到流浪的人们、街头的猫、拖动椅子看日落的小王子，以及在暗色中盛放的向日葵……只是一切已遥远，没有再次来到面前的预感。

这一切无人知晓，只在我的心中起着波澜，也许直到我对青春充满渴望的那一天，我才会对流逝的时光释怀。

毕业前的时候，我在学校里最高的一栋楼的顶层读书。晚自习后我坐在六楼的窗台上看着脚下深深浅浅的夜色。我知道在那里，有许多的向日葵在蓬勃生长。我的心中波澜不惊，明灭闪烁的灯光，如和谐的音乐在流淌，我似乎看到微茫的希望……

因为美好和希望总会存在，正如花朵从泥土的芬芳中傲然绽放，我站在这人群的高处，静静地观望，然后兀自微笑，没有人知道我在笑，但这又有什么关系呢。

放弃,也是一种美丽

明晓蕾

行驶在生命的海洋中,我们希望驾驭人生之帆满载而归;扎根于理想的土壤中,我们渴望吸取日月精华硕果累累,但汹涌波涛、风霜雪雨会让我们领会"放弃,也是一种美丽",只有放弃,才能绕过暗礁,继续前进;只有放弃,才能卷土重来,茁壮成长。

"生,亦我所欲也;义,亦我所欲也。二者不可得兼,舍生而取义者也。"孟子提倡"舍生取义",放弃生命而坚持正义。放弃,让他的精神家园繁花盛开。

"举世浑浊而独清,众人皆醉而我独醒"的屈原,怀石投江,放弃了生命,保住了气节。放弃,让他的内心世界充实丰富。

"采菊东篱下,悠然见南山"的陶渊明,"不为五斗米折腰",放弃了微薄的俸禄,换来悠闲的生活。放弃,让他的理想境界得到升华。

他们为了气节、人格，放弃了名利甚至生命，又收获了更大的精神满足，他们的放弃，怎能不令我们钦佩？

"精忠报国"的岳飞志在"驾长车踏破贺兰山阙，壮志饥餐胡虏肉，笑谈渴饮匈奴血"，却被昏庸的宋高宗以十二道金牌催回，最后冤死风波亭。高宗的猜忌、昏庸坏了抗金大业，也葬送了大宋江山，倘若其放弃猜忌，放弃嫉妒，历史又会有一段新记录；而廉颇与蔺相如，却能"先国家之利而后私仇"，放弃不满与妒忌，获得赵国百年的和平与安定。由此可见，放弃个人偏见、个人利益，会使我们的心胸更加宽广，会使我们的事业更加繁荣。

还记得那个"酒入愁肠，三分酿成酒气，七分酿成仙气，绣口一吐，便是半个盛唐"的诗仙吗？他放弃了功名利禄、锦绣前程，收获了游历山水、尽情创作的人生乐趣。还记得那个"我自横刀向天笑，去留肝胆两昆仑"的戊戌君子谭嗣同吗？他放弃了生命，用鲜血激励后人的变法，收获了一批批仁人志士的赴汤蹈火，改革图治。还记得那个放弃研究生保送名额，只身前往贵州贫困山村支教的"感动中国"的徐本禹吗？他感动中国的同时，引起了国家对农村教育的重视。因此，放弃不是一无所有，往往是为了获得更多，我们又怎能不承认放弃也是一种美丽？

放弃，让心灵的花园绽放出最芬芳的百合。

放弃，让精神的原野生长出最茁壮的树木。

放弃，也是一种美丽！

让我走近你

金 炯

我始终无法忘怀的,是你曾陪我走过的雨季。

——题记

你,有着令人切肤疼痛而感动的文字,常常会让我一旦联想到你的生平便情不自禁地流下眼泪。

你,单纯地把文字当作在沙漠生活的一种寄托,却一发不可收拾,文字,成了一件和呼吸同样自然的事。

你,童年被视为"问题孩子",后来,却成为大名鼎鼎的作家;曾自闭七年的你,日后,却变成"万水千山走遍"的旅行家;一生有众多的追求者,你却对荷西情有独钟;你并不富有,却乐善好施;你有着乐观的人生态度,却以自杀的方式结束自己的一生……

你是谁?你就是那个用毕生的梦想堆砌自由与爱的三

毛，那个在我心中始终无法勾勒出形象的三毛。三毛，我敬爱你的文字，你的思想以及你的一切的一切。

是在一个阳光暗淡的午后，才十岁的我读到你的《撒哈拉沙漠》，便仿若进入一个迷宫一样。我已然忘记自己身在何方，像是跟随着你的脚步踏过千山万壑。合上书，久久不能平顺地呼吸。那时，还不知道感动究竟是怎样一回事，只记得当时拉着姐姐的手说："我好像也去了一回撒哈拉沙漠。"现在想来，我和你的缘分就是从那时候开始的吧。

我爱极你笔下的文字，真实，感性，柔软。你没有张爱玲式的悲观，留恋"最后的贵族"生活，而是以满腔热情展现真实而平凡的普通生活；你也不像陈怡真那样善于表现游子的家国情怀，而是四海为家，朋友遍天下；你没有琼瑶那般浪漫，善于虚构缠绵悱恻、动人心弦的爱情故事；你也没有丁玲那样的理性，可以做到字字珠玑。可是你比她们都率真，那是发自真心的，这也大概是为什么我喜爱你那么多年的原因吧。

初一时，我愈发迷恋你的文字，像是得到救赎一般，一遍一遍地翻阅那些早已铭记在心的文字。那时，是太过伤感了吗？我不置可否，虽然我并不脆弱，但实在也不怎么坚强。

那时的自己就像一个跌倒在地的孩子，原本可以拍掉身上的尘土继续前行，可是，如果身边有人鼓励有人安慰，反倒会委屈地大哭。

多可怕多让人鄙弃的人性的弱点！

可是，我却依然深深依恋你。后来，我渐渐不再与你靠近，不再用你的文字作为我温暖的养料。可是偶尔，还是会跑回到你的怀抱中去哭泣，我知道，只有你永远愿意接纳我，也永远不会拒绝我。

正如你自己所说："我愿在这不如夕阳残生的阶段里，将自己再度化为一座小桥，跨越在浅浅的溪流上，但愿亲爱的你，接住我的真诚和拥抱。"

如今，你已不在，我也永远无法和你面对面做交流，可是，我想用我的虔诚和真心换作莲花踏步，慢慢地走近你……

花 与 果

姜 慧

　　花开，花落。在这一开一落中，在这美丽的消逝中，究竟有什么在孕育？也许——是内心的满足而已。

——题记

　　退去秋日的繁华，我静静地站立着。远处的斜阳边，如血的晚霞占据了半边天。袅袅的炊烟仿佛从地平线的枯草上升起，融进恬静的空气。于是连空气都带上了家特有的温馨味道。

　　我是一棵青年时期的梨树——在今年春天度过了我的五岁生日。我过于急切地想变强壮，给我脚下的小草一片绿荫；过于专注于开出一树繁花，然而我的养料过于欠缺，以至于我无法结出过多的果实，仅有的几个也不够甘甜。

"主人说你今年再结果不多、不甜的话，就要砍掉你，另种一棵。"身旁的桃树告诉我。

看了看远山脸上弥漫出来的黑暗，我有些无奈。看来，要老老实实地开花了。

冬日的阳光温暖中透着冷峻。我睁开眼，有些讶异地看着这个一夜之间改头换面的世界。

整个世界，完完全全地，换上了一身雪白雪白的裙子，那么漂亮、那么圣洁、那么高贵。连我丑丑的枝干上，也覆盖上了雪白的轻纱。

美丽的雪花那么忘我地在没有音乐的干冷空气中飞舞着。一转身，一回眸，都带着无法抗拒的诱惑。我觉得自己似乎要迷失了。

我感到，有一种欲望突破了囚笼。它在我碧绿的血管里，不断地游走，很快氤氲在我心间，让我无法呼吸。

"啊，我要开花！我要用我最虔诚的花与这天地间最圣洁的女神共舞！"我忍不住大喊。

"你疯了吗？在冬日开花只会耗尽养分，怎会有力气结果。那样，你会被砍倒的！"桃树不满地借着风势用枝丫抽打了我一下。

我默然。是啊，倘若我开花，那我就将在明年失去生命。

我看了看那晶莹美好、潇洒飞舞的雪花。

啊，难道，我只能被束缚吗？难道我要为了苟且地活在世上放弃追逐这美丽的女神吗？难道我要甘心放弃自己的梦吗？不，这不是我想要的生活！我浑身的枝条颤抖着，显示着我内心的痛苦和矛盾。

要知道，开了花，你的死期就到了。你将再也看不到夕阳，再也闻不到空气的味道了。还是老实点儿吧！心底里一个声音响起。

不！我大声地向心底里的声音咆哮！我决不！我不要这样平庸而苟且地活着！我要去经历这美好，我要追逐这纯洁的精灵！谁都不能阻挡我，谁都不能！

于是，那欲望愈来愈强烈，终于刺破了我的皮肤。轻轻地，轻轻地幻化成一片笑脸，摇曳在肃杀的冬季。也许是惊讶于这天地间仅有的小小脆弱生命，雪花旋舞着，亲吻着每一朵花，将花也吻得晶莹剔透了。不知是由于雪花的映照还是别的什么，今年冬天的梨花似乎比以往要美好得多。

第二年，我带着头上仅有的几个梨子，微笑着躺在车上，我的生命很短暂，但我不后悔。作为一棵树，我的生命是辉煌的。开花并不一定要结果的。至少，我经历过；至少，我追逐过。那么，什么都不重要了。我的心，是满足的；我的人生，是灿烂的。

后记：花，并非为结果而开。仅为结果而开的花，是无法美得那样轻盈圣洁的。也许这种花遭人唾弃,不务正业。可是,它还是开了,开得绚丽。它要证明:人生重要的是享受过程,至于果子如何,是无关紧要的。

感 恩 泥 土

仇 坤

已经是深冬了，树上的叶子早就落光了，光秃秃的枝丫从四面八方伸向天空，将整个天空定格成一幅抽象画。透过寒风看去，远处散落着几座小山，往日的绿色早已消失，取而代之的是雾蒙蒙的黄褐色，没有一丝活气。

我漫步在楼房后的土地上，土壤里的水分大部分都蒸发了，于是土地便愈发地坚实起来。我低下头去，发现脚边一棵植物还泛着淡淡的绿。我蹲下身子，仔细端详着这棵不知名的植物。心想：在这冷冷的深冬里，是谁给了它生命的绿意？是泥土啊！我抓起一把泥土在手中碾碎，认真观察。这里的泥土不算肥沃，常常是黄褐色，中间还夹杂着一些沙粒和小石块。但就是这样的泥土，却可以支持一棵植物一直绿到了深冬。

想起小时候，几乎每个人都玩过泥巴。从田野中的黑泥、黄土，到商店出售的紫砂泥、五彩缤纷的橡皮泥等泥巴的衍生物，无不寄托着人们对泥土的深厚感情。一块黄泥，我可以玩上老半天。一会儿捏个兔子，一会儿捏个大象。是泥土赋予了我丰富的想象力，是泥土开启了我接受启蒙、接受教育的大门。我应该感恩泥土。

我看了看手中的泥土，一扬手，粉末状的泥土便飞扬开来。我不禁想起了春天。春天的泥土，绝不会这么张扬，这么干燥。尤其是第一场春雨时，不需多大，牛毛一样的雨，就够了。一夜春雨过后，土地上便冒出了许多嫩芽，摸上去毛茸茸的，宛如婴儿的睫毛，湿润而且富有质感。再过一夜，芽儿便长高了许多。真不敢相信，这贫瘠的土地可以供给这么多小生命这么充足的养料。

回过神来，我不禁感慨：人与泥土相比实在是太渺小了。人类的进化史远比泥土的要短得可怜，随便抓起一把泥土，都可能是经过百万年甚至上亿年的时间积淀而成的。而且，地球上一切生命的养料，无不来自于泥土无私的奉献。可以这样说，一切的生命都是泥土造就的，泥土是一切生物的生命之源。

我们是否想过要感恩泥土？在我们与泥土相伴的日子里，在我们观赏着美丽的花朵时，是否想过是谁促成了美景？是否低下头去看看这卑微的泥土呢？

不，泥土不卑微，它是伟大的！

倾听岁月的跫音

余维欣

> 曾经,在别人的故事里寻找流年。总以为,那些离我好遥远。直到自己也有一腔感慨,才发现,花开花落,光阴荏苒。
>
> ——题记

小时候,我非常天真,一直觉得自己是神所庇佑的孩子,百折不挠,百毒不侵。直到自己也经历过生离死别,才知道,每一个人的悲伤,神在一开始就已布置好。

至今我都记得那一个梦境。我穿越长长的黑暗隧道,寻找彼岸的光明。在仿佛经历了一个世纪那么久以后,终于被一袭白色刺疼了双眼,轻揉成泪。我看见爷爷被白色床单覆盖住的单薄躯体,苍凉而又无助。我开始往回奔,我想奔跑回那十年的光阴。岁月与我擦身而过,他说:

"一切都回不去了，孩子。"前后都是黑暗，岁月的跫音显得那样真实而缓慢，一步却已万年……从黑暗的最深处挣扎着醒来，望着天花板上来不及掉落的尘埃，发觉老去的青春面容沧桑。可是我还小，我还没长大。

已经不会哭了，至少表面上如此。在回想起爷爷时，还会对一些温暖的细节微笑，但回过神来时，发觉自己早已泪流满面。因为想的时候，觉得爷爷还在；笑的时候，才发现他已经消失了。像是宇宙中的彗星撞击，无声无息，却在星球表面留下深深的印记，几欲穿透。爷爷，你在天堂里，看见我心上为你而起的凹陷了吗？

有时会想象十年后的自己会怎样？不管是坐在高高的写字楼里悠闲地喝茶，或是在嘈杂的人群中疲于奔波，我都希望能有家人不离不弃地陪在我身边。但是我知道，人生即是旅行，他们都会在特定的站点下车，没有人会陪我从起点到终点。像是有一群人伴我上路，却一会儿遗失一个，到最后发现只有自己一个人在东张西望。每想到此，我都会感到恐慌，无法想象有一天会缺少这样一束视线。可是，爷爷离开我这么多年了，我还是和同龄人一样为生活中的琐事而喜怒哀乐着，过着以前我无法想象的日子。

有人说过："分离，是从熟悉到陌生。"等到有一天，我对我的家人们感到陌生的时候，只会从记忆里取几片零碎片段来怀念他们的时候，就是我去彼岸陪伴他们的时候了。不由想起一篇文章中这样一段话："我们在特定的时间特定的地点戴着各自特定的面具联袂演绎了一出舞台剧。因而，就应该完美谢幕，向观众道一声'谢谢观看'，然后各自走散，散落天涯。"这无疑是一种伤感的诠释，我却也无法喜欢上"生命的终结，即是生命的升华"这种话。那么，就顺其自然吧，毕竟生死这种事，经没经历过都无法说出。

  在倾听着岁月的跫音轻易踏进生命，都还能微笑的人，全是相信没有来生的……

风雨中,我触摸到生命的芬芳

周 敏

暴风雨总会来临,那就让暴风雨来得更猛烈些吧!

——题记

只有在失败、挫折中成长才能历练自我、超越自我。因此,面对风雨,我总是从容淡定,坚信风雨过后,一切都会柳暗花明。因而每次狂风暴雨之后,我都会触摸成功之花,闻到属于自己的芬芳。

伤心桥下春波绿

那一晚的雨平和而清冷,城市上空的灯火渐次绽放然后混合在一起,竟成为一种有些血腥的颜色。我徘徊在雨中,那种刺骨的冰冷一直凉到脚底。风雨中,我失意得如一只流浪的狗,没有方向地乱窜……

一想起试卷上的叉叉圈圈,我的心就如针刺一般。此刻的风雨毫不留情地将我摧毁,把考试失利的伤痛推向了极点。迷乱中我踏上那沧桑而古老的老桥,这儿曾是我儿时的乐园,曾是我成长的起点。老桥以它那博大的心胸接纳我,用它那深沉的静思化解我的忧伤。就连那漾起春波的绿水,也似乎在启示着我要冷静思考,突出重围。

我的路在何方?成功的芬芳,让我醒悟。失意如水,坚强似桥,只要信念坚定,终会再度辉煌……

家园温馨心花绽

冷冷的雨把周围空气里的温度带走,把燥热的泥土变得冰凉,黑夜把荆棘、蒿草的轮廓涂抹成黑色,在这失去温度的寂静里,我小心翼翼地摸索着回家的路……

到站了,雨停了。可心还在滴血,成绩下滑的痛楚一直萦绕于心头。"回来了?"爸爸一边啪啦啪啦地抽烟一边问道。"嗯。"我低声地应答。"考试成绩怎么样?"他又问。"很差。"我吞吞吐吐地说道。他沉默了,眼睁睁地看着那烟烧到了尽头,不留痕迹地滚落下来。我想:我的命运也大概如此吧。可没想到父亲心平气和地说:"没事,咱重来,你也有过属于自己的辉煌,我们把它找回来。"

是啊！面对挫折，我应该更加坚强，努力地找回那属于自己的春天。

风雨浇开幽兰香

高山那边是大海，只要我们信念坚定，就会迈向人生的大海。然而在前行的路途中，我们会遭遇风雨、历经坎坷……只要我们不忘努力，不断奔突，就会走出困境，实现梦想。

在挫折中，我得到了历练；在雨季里，我学会了坚强。在那无尽的黑夜中，希望如一支烛火，照亮人生的道路。在努力血拼中，我闻到幽兰的芬芳，看到人生的未来……

不管前方的路有多远，不管生命中还有多少风和雨，我都会一路走来，一路歌。因为风雨中，成功之花绽放在生命的枝头，我欣然地触摸到生命的芬芳……

故乡的回声

吴艺洲

在很多的时候,孤单的时候,失意的时候,彷徨的时候,悲伤的时候……总能想起老家。

老家,一个熟悉、古朴而又亲切的名字,那是我的故园呢。为什么想起老家?因为那里总是童年中最真最纯的一片,那里有最温馨最柔和的一片,那里有最美好最自由的一片。

故园一直在对我们说话,用暖暖的笑容,微笑的唇角,温柔的眉眼,她在说,孩子,你累了的时候,孤单的时候,低落的时候,疲倦的时候……就回来。

而我们,不管多大,都是故乡的孩子。

曾记得,幼小的时候,常常满山遍野疯玩,大人找不到,在焦急地呼唤孩子的名字,自己却躲在什么地方偷偷地笑。

曾记得,老家门前有一株葡萄藤。夏天的时候,我们坐在葡萄架下乘凉、吃西瓜,看两只鸡相斗,又趁大人不注意跑去玩水。

曾记得,炎热的夏季,晚上把竹桌竹椅搬去外面,在暮色四合中吃饭,自家房上冒出炊烟,和远近人家一起,与远处山水相映。

老家有许多老房子,我们一班小孩子便在其间跑来跑去地玩。看着老旧的青砖瓦舍还有更久远的戏台,拆除祠堂改建的学校,禁不住呆呆地望着,想象着十几年前,甚至百年前它是什么样,里面早已无人居住,几支野藤却从墙角钻出来,爬上了半面墙。

又喜欢老家的菜园果园。那里生长着蔬菜的土地都是碧绿的,红辣椒与青辣椒结了果,满满地挂在枝头,看着煞是欢喜。菜地旁还有一株桃树,树干是歪扭斑驳的,而在孩子们的心目中,却是最美的树。春天了,一树的桃花,孩子们便每日要去看有没有结果。桃花是年年盛开又零落了,只是一直不见长出桃子,失望之余所幸还有甜瓜。甜瓜是附土生长的,长在塘边田埂上,长长的一条藤,有时直伸到水里,成熟的时节,拽出一条藤来,果实有的挂了三四个,那时的欣喜不亚于哥伦布发现新大陆!

但童年永远那么短暂,仿佛只是一转身,一刹那,自己就离童年、离故园那么遥远了。故乡却总是回忆中最美最柔的一抹,暖暖的,夕阳的颜色。

远处的山上传来声音,悠远而又绵长。那是母亲呼唤着在外嬉戏、尚未归家的儿女,那是故乡的回声。

茶 如 人 生

杜海淼

总喜欢在夜阑人静之时，如水的月光之下，沏一杯滚烫的热茶。看热水从壶口汩汩流出，冲入透明的玻璃杯，卷起皱瘪的茶叶。顿时，茶叶像被注入了新的生命一样，随着水流欢快地上下翻滚、跳动，仿佛东奔西跑的孩子，忽上忽下地沉沉浮浮，然后在水中慢慢地舒展开来。最后几经沉浮，终于慢慢沉淀了下来，回归平静……于是茶水便有了鲜活的绿色，有了沁人心脾的清香。

看着这茶，我不禁想到，从采摘到成品要经历多少磨砺、多少煎熬？而我们的人生其实不也如同这些茶叶吗？只有在艰难险阻中沉浮，在痛苦辛酸中磨砺，才能真正体会到生活的滋味和魅力；只有在那一次次的沉浮和历练中，生命才会变得光彩照人，芳香四溢。

她很小的时候就梦想成为一名出色的滑雪运动员。

然而，不幸的是她竟患上了骨癌，为了保住生命，她被迫锯掉了右脚。接二连三的厄运不断降临到她的头上，人生的苦境却从来没有使她放弃心中的梦想，她一直都告诫自己："我要为自己的生命负责！决不轻言放弃，我要向逆境挑战！"最终她以顽强的生命斗志和无上的勇气，排除万难，创下多项世界纪录，其中包括夺取1988年冬奥会的冠军，并在美国滑雪锦标赛中赢得金牌。甚至在后来，她还成了攀登世界险峰的高手。她就是美国运动史上极具传奇色彩的著名滑雪运动员——戴安娜·高登。

他生下来就一贫如洗，终其一生都在面对挫败，八次竞选八次落败，两次经商失败，甚至还精神崩溃过一次。面对人生的苦境，好多次他都想放弃，但他并没有如此，而是勇敢地面对，一次次在困境中爬起，最终成为美国历史上最伟大的总统之一，他就是亚伯拉罕·林肯。

人生若茶，茶叶因为沸水才释放出它们本身深蕴的清香，而生命也只有遭遇一次次的坎坷和挫折才能留下一脉脉人生的幽香……高登和林肯在人生的苦境中完成了华丽转身，成就了自己的辉煌人生！人生如茶，没有一帆风顺，没有万事如意，而苦难与挫折正是我们不断奋斗的源源动力！浸泡在人生这杯茶中，我们唯有紧咬牙关，坚强地挺过去，把苦涩咀嚼成满天星斗，相信沁人心脾的芬芳总会出现……

冬日里的秋

刘秀美

阳光从午后的窗外斜斜地射进来,这无形的精灵此刻正欢快地在我的笔尖上跳跃,窥视着我笔下的另一个灵魂。

农历十月二十三日,冬天。空气中弥漫着秋的味道。南国的四季就是这样,纵使日历上的"冬天"已赫然存活了几十天,秋还是不紧不慢地踱步在这巴掌大的小镇,用金色的裙尾把冬天狠狠地挡在外面的世界。于是,四个季节中,夏季和秋季总是拖得很长,而春天和冬天就像打马而过的时光,在人们的谈笑声中一闪而过了。

下午三点三十分,教室后座。无论是时间的拿捏,还是地点的选择,都是享受阳光的最佳时候。我把头深深地埋进阳光的温馨里,贪婪地吮吸着秋末的体香,只留下一双眼睛继续从矮小的窗口窥望着外面的世界。

灰青的屋顶，湛蓝的天空，孤寂的落叶。很单调，却将秋天的意境诠释得淋漓尽致。

诗人总是用自己心情的色彩涂染着秋天的表层。如果喜悦，则说成是明晃晃的金色；如果孤寂，则说成是寂寥的冷灰色。

其实秋天还有许多颜色。那些或艳丽或黯淡的颜色不仅仅藏匿在正日渐失去生机的枯黄的石榴叶背后，它们还会像一只敏捷的黑猫，趁人不注意的时候跳上桌去，摆出骄傲的神情让人欣赏。

正如窗外。瓦片堆积的灰青是时间遗留的色彩，印着被雨水冲刷出来的亮白，如同一位满腹经纶的深邃的老者，盘坐在整个小镇的屋顶，俯瞰着膝下的步履匆匆，时光匆匆。

秋季的天是蓝得让人感叹的。任何一个像现在这样阳光明媚的日子，若是在暖阳下看书看累了，抬起头小憩一会儿，便会惊奇地发现一直住在头顶上的天空正以一种深邃而澄净的蓝向四周扩散开去，宛如突然在某个角落发现一位美丽而高贵的新娘，优雅的气质让人震撼。我就这样，深深地沉醉于那如婴儿肌肤般柔软的蓝色中不能自拔，逐渐忘却周围的事物，心悠扬得宛如聆听一首动人的歌谣。在如此阳光明媚的日子里，连呼出来的空气都是蓝色的。

如果遗落也是一种色彩，那么落叶是不是承载着这一深刻含义的载体呢？以那样一种绝望而华美的舞姿飘荡天空，在完成生命最后一次仪式后便跌入永恒的黑暗。

突然想起早晨的秋，就是在今天早晨，时间相差不大，却透出一种别的韵味儿来。

清晨我还在睡梦中，依稀中听到窗外有窸窸窣窣的响动，感觉应该是太阳出来了。起身才发现，窗外早已是金色的海洋，阳光叮叮咚咚地在玻璃上敲出绚丽的音符，对面雪白干净的墙壁此时被印上了斑驳的点，随着音乐舞蹈。

我不紧不慢地起身，立刻被一股寒意簇拥得不能动弹。这十月的寒意！这饱含秋的韵味的寒意！我无法形容这秋的清晨。只知道一样是冰冷坚硬的墙，一样是温暖柔软的发丝，这两种极大的矛盾体却在这南国小镇的秋的清晨，以一种不能再和谐的形式潜入我的房间，令我在温暖和寒冷中生发了一种独特的感受，不由惊叹于秋之女神的创意。

南国十月里的秋是细腻的，却无处不存在着惊艳与惊喜。这南国的细腻之秋与北国的豪爽之秋在辽阔的中华大地上并驾齐驱了几千年，在各自的领域驰骋。我站在秋的末端，希望秋天的脚步再多停留哪怕一秒。

有一种美叫残缺

周 颖

那些无瑕的美丽，在经历时光的洗礼后，支离破碎的，被遗落在了阴影里，它们丢失的，是精神上的坚韧，那该是最大的残缺。

窗台上摆着一盆不知名的植物，莫名地从闲置的花盆中钻出，开白色的小花，一朵，一朵，像清澈的眼，让人感受到生命的美好，于是把它供养起来，为它浇水除草。

大概是感知到了我的呵护，花越开越多，洁白的花瓣如瓷做的一般，可我总觉得花朵有些耷拉，似乎缺少了些什么。尽管如此，我仍是将它视为珍宝，它的状态仍牵引着我的喜乐。正是如此，当看到它躺在地上时，我的心也跌到了谷底。

我无法去责怪无心的妹妹，看到已被踩得惨不忍睹的它：纤细的根在空气中裸露着，半边的茎叶近乎烂掉了，流出绿色的浆液，纯白的花瓣也狼狈不堪，只得无比惋惜地将它和泥土扫在一起，丢在一边的角落。

时间一晃儿，就几个月过去了，我都已遗忘了它的存在，直到整理墙角时，才注意到它。

它比起之前又长高了些，勉强从土中挣出头来，但令我真正惊讶的是，它开花了。是的，另一根分支上长出了嫩白的花苞，我能听到茎叶中汁液如血液般流淌冲刷的生命之音，看到阳光透过它时，氤氲出的点点灵气，与被踩断一边的枯黄比，高高竖起的花蕾如它质问苍天举起的手指，坚定又充满信心。此刻的它，一扫先前柔弱的气质，容貌虽不如以往，却多了种内在的能吸引人眼球的魅力，是一种支撑它迎难向上的信念。

我将它重又移植到窗台上，它残缺又瘦小的身子却蕴含着无穷的力量，不仅仅改变了自己，更潜移默化地改变了我的观点和行动。窗台上的阳光大片地晕染开来，它是穿越了荆棘的勇士，光芒万丈是它应得的荣誉。

就像维纳斯的美，不在于她的体态而在于她的残缺；植物的美，不在于它的造型而在于它的风骨。其实，残缺本身并不美，美就美在残缺背后支撑着它的魂。

将苦难后的残缺用信念延接起来，然后就可以将美丽与收获一并放入袋中，一路前行！

生命的韧性

仇 宇

早春的雨一润,一股泥土的芬芳就满溢在空气中。弟弟又照例撒下几粒葫芦子。未隔几天,葫芦秧便张着小嘴儿,钻出地面打量着这世界。每当此时,我总会想起关于葫芦的往事……

那年是我们第一次种葫芦。因没有经验,仲春时才种下几株。而后唯一的恩赐就是几瓢自来水。蛰伏了一星期后,葫芦芽才怯生生地探出头来。惨淡的颜色,细弱的藤,像不足月的病儿,让我失望至极。妈妈也来看我们的"成果",极惋惜地说:"种晚了。瞧这伶仃的模样,怕是活不了吧?"我摇摇头,叹口气。于是葫芦被我们置之脑后,任由其自生自灭。

是当年的春风格外柔?是当年的春雨格外润?还是燕子那细语呢喃唤醒了葫芦?一个清晨起床后,我习惯性地走到晾台边，刚要拿起牙缸，突然打住了：牙刷上居然绕上几圈绿藤！家中的晾台正对着门前的花圃，因为贪得那些新鲜空气，窗户常是打开着的。葫芦居然能看出这细微的差别，趁着夜色的掩护爬了上来。

　　它们扬着嫩生生的翠绿的脸蛋，一阵清风拂来，便像害羞似的抖动，却又透着一股骄傲劲儿。"该给它搭个架了。"妈妈不知什么时候也站在我后面，若有所思，"它比我们想的顽强得多。"我匆匆奔向储藏室，高兴地拿了几根竹竿，招呼弟弟小心翼翼地把细藤绕在上面，又笨手笨脚地搭个架。欣喜之余，天天去看葫芦成了我们的"必修课"。

　　葫芦脱去了当初青涩的模样，蓬勃而充满朝气地生长。我每每出神地望着墙上的一斑驳痕想："明天大概爬不到这里了吧。"第二天，却早早在了驳痕之上。看看碧绿繁密的葫芦，我讶异着：当我们熟睡的时候，它却在抓着月光星光的尾巴生长，抓着梦的触角生长，抓着黑暗的筋骨生长！多么"可怕"的家伙！

　　到了仲夏，葫芦开起花，葫芦花是白中透青的，与整体绿极融洽，像星星在家中眨呀眨的。我便与弟弟数起花朵，每每数不一致，便兴致很高地争论不休又兼重数一遍。隔了几日又去数。"葫芦打纽儿了！"弟弟突然喊道。我大大讶异且欣喜了。凑过眼去瞧，果不其然，两只拇指长的青葫芦披着白色茸毛怯怯地躲在叶下。一月又一月，葫芦果和葫芦花的数一天变一个样，空气中满是一股别样的淡香。我们俩又早早地幻想起收获的情景了，甚至开始在长竹竿上绑上小刀，预备摘葫芦果了，把葫芦分别送给邻居小娃娃时，他们脸上的欣喜之情在脑海中预演了无数遍。

秋天的天气变化无常，一场霜冻不期而至。清晨，我向窗外一看，白花花的一片，心里咯噔一下——完了，急忙地走出门外。果然，葫芦的叶卷了起来，几枝冻伤的藤条透出黑色。"好疼。"我好像听见它在呻吟，一腔喜悦化为乌有。弟弟也跑了出来，瞪大眼睛，又用劲儿甩甩头："姐姐，葫芦还活着呢！"是吗？我狐疑地看去。

只见两三枝细藤还隐隐透出绿意，几瓣叶片仍青翠欲滴，经历了一场严霜，葫芦还活着！我顾不上许多，默契地与弟弟一起剔除死叶，扶正支架，忙碌了好一阵。接连的好天气，让大地重又复苏。仅剩的葫芦没有了原来的气势，却仍攀着架子拼命生长。

又开花了，又结果了……葫芦果先是青得逼你的眼，又抹上了层白嫩嫩的粉，又从白粉中流出浅浅的黄，最后终于褪去了青色转成灿灿的金。我与弟弟把它们轻轻地从枝头摘下，打开葫芦嘴倒出子儿来，数一数，正好一百零一粒，费了几天时间，把葫芦晾干，将它们做了我书桌上最好的装饰品。

我每每摩挲着它们，心里总是会产生些许的感动——

没有生命不能完成的事。顽强的生命所具有的潜力是无限的，正如"野火烧不尽，春风吹又生"一般，它们在生长，从地下到天空，从黑暗到光明，从死亡挺过来走向新生，直至结出生命的果实，算是完成了一次生命的旅程。带着这种感动，我才不会轻言放弃，并喜欢上每年种些葫芦，让这些小小的生命提醒我生命的韧性……

窗外，又是一年春风拂过，葫芦叶簌簌作响。望着窗外的绿意，我明白，那是生命的歌吟……

美的画卷

莫雨佳

阳光洒在了小道上,顺着它的指引,我踏入了这条布满爱与美的小道。寻找着生活中那一幅幅美的画卷……

亲情之美

冬去春来,和煦的阳光洒在了农家小院中。一位母亲正为女儿编着辫子,她脸上挂着慈祥的笑容,眼中充满了爱与温暖,手轻轻地抚摸着女儿的秀发,不时地把阳光编入了女儿的头发中。阳光调皮地亲吻着她们的脸,温暖留在了她们的脸上。

望着这犹如圣母与天使般的画面,我甜甜地笑了。美就在那一瞬间绽放了,是母亲为女儿编辫子的动作,是母亲那满脸的柔和……

友情之美

碧绿的草坪中传来孩子们阵阵的笑声,夏天在他们的欢乐中充满了喜悦。不远处一个小男孩儿不小心摔倒了,血慢慢地渗了出来。他紧锁着双眉,咬着嘴唇始终不肯叫喊一声。一个小女孩儿看见后,毫不犹豫地拿出一块洁白的手帕,为小男孩儿轻轻地包扎着,她低着头,手慢慢地包着,仿佛害怕弄痛男孩一样,手帕上映出了一朵鲜红的花朵。

望着这充满了友情与关爱的画面,我仿佛看到了二十年后他们依旧是朋友的画面。美在这一瞬间又静静地绽放了,是他们的友情,是他们的关爱,是那一个微小的动作……

鼓励之美

战败后的我,像落汤鸡一样,漫无目的地骑着自行车。骑到一个山坡前,我骑了几次都未冲上去,刚想下车,却听见身后传来了一声:"加油啊,年轻人!"我循声望去,感激地望着那个人。他正微笑地望着我,眼中充满了鼓励。我朝他点点头,然后用尽全力向上冲去,一次次的失败,一次次的鼓励,老人的鼓励直至伴我成功。我回头向老人望去，他正向我竖起了大拇指，笑容依旧回荡在他脸上，那满头的白发仿佛雪山上盛开的雪莲，那样的纯洁与美丽……

那声声"加油啊！"依旧回荡在我的耳边，是那一声声的鼓励带给我美的瞬间。

我轻轻地采撷着这一个个美丽的瞬间，有太多的追忆。让美静静地绽放吧，让美的花朵绽放于大地每一个角落吧……

秋　思

胡　笳

秋天已经来临，天空仍还是夏天不变的湛蓝。望着窗外耀眼的阳光，还是那么炙热，还是那么暴躁，还是那么滚烫，实在让人难以想象这就是秋高气爽的秋天。

当沉甸甸的夕阳悄悄滑向无边的暮霭，倦归的鸟儿舒展双翼在风中投下美丽的影子，一天的时间怎么转眼就不见了呢？我应该去哪里才能找到它？迷惘的我默默地问自己："看着窗外的夕阳会想到什么？"是老人？还是危在旦夕的生命？我正茫然地搜寻着答案。突然，一声鸟鸣打破了我的沉思，抬头寻找，一只大鸟带着一只看起来好像刚学会飞的小鸟，从窗前的大树飞向没有云朵渲染的蓝天。我猛然想起一位哲人曾说过："只有打破思想的枷锁，才能创造出更多的奇迹。"那么我也可以逆向思维啊！我想到了明天，明天，此时的夕阳会再度升起变成朝阳，希望的种子在失望的土壤中萌芽生根！大鸟虽然有一天会死去，但有小鸟延续它的生命。我的目光从眼前这棵不太茂盛的树上移向深邃的蓝天，寻找着那两只给我启迪的鸟儿。天空没有翅膀的痕迹，但鸟儿的确飞过这片美丽的蓝天。

起风了，满树黄灿灿的叶子在风中瑟瑟发抖，许多叶片像蝶儿翩翩起舞飞离枝头，没有谁愿意离开，它们被风强逼着脱离大树的怀抱，在微凉的秋风中无奈地打着旋儿，不管怎样固执地辗转挣扎，最终还是要魂归故土。离别前，它们把生命中最绚烂的色彩奉献给了那片生养它们的土地，叶儿们安静地躺在大地母亲的怀中，脸上写满了岁月的沧桑。

生命！这就是生命的终点吗？生命是一个大磨盘，所有的欢乐悲伤，所有的壮志雄心都被这个磨盘一轮一轮地碾过去，磨成粉，风一吹就散为乌有，没有人记得，没有人怀念。那我是不是应该像落叶一样在起风之前做一些什么，让人记得我，偶尔还会想起我曾经像花朵一样绚烂的生命呢？

于是，我走到书桌前，写下这些文字。我将走出迷惘，我要用自己的勤奋和汗水为青春岁月打上时光的烙印。

依　然

郑　田

　　青草缀繁花，已迷人眼。遇上了一抹晴天，它帮我一点点记起那些明媚的日子，内心无限动容。这才发现自己竟那么久都没有轻松呼吸，接纳、倾吐泥的芳香。难得的好天气，却换不来难得的好心情，难得窥见曾经那些放肆挥霍童真的片段。窗外艳阳朵朵，窗内心思翩翩。

　　很想知道那些被甜美拥簇的生活，该如何配乐呢？那些手里不能错过的艳阳的声音，都去哪里了呢？我也好想像那位来自印度的诗圣想要抓住那偷睡眠者一样，抓住它，然后把它捆得紧紧，令它手持灯芯草捕鱼为戏。

　　最近总是将悲伤在那些怀念的幽悠思绪里晕成写意，肆意渲染。于是悲更悲，伤更伤。落花流水春去也。

　　多么想一步两步三步四步，静静迈向那心中的圣堂，恭谨地向那最初的自己顶礼，悠悠膜拜早已逝去的童年；

多么想摘下天际一颗两颗三颗四颗的繁星,让它静静流淌在暗蓝色的回忆里,让它静静漂泊在那片片难忘的浅紫气泡里。

海水尚有涯,相思渺无涯。

那些回忆也正如气泡,一触,即破。只给我们留下轻微的嗟的一声,让人呆立良久,怅然,低眸。

弹着相思曲,弦肠一时断。

粉红上衣牛仔裤,清瘦单薄的少女,眼里掷出纯真无瑕,轻微汗渍的脸上欲露还羞的浅笑,那是曾经的模样吗?在空气都柔软起来的微笑里,用自己的快乐唱一支歌,吟一首诗,还有什么比这更美的生活呢?早晨与伙伴约着一起去学校,偶尔被摇着尾巴的小狗吓一跳,好脾气的老师讲课的语气让人着迷,下午放学总会找到玩耍的地方,嬉闹后依依不舍送走伙伴,也一并送走令人心醉的余晖。

只有云朵在天空里排列成回忆的形状。

不想面对现实的时候,总是进入回忆的世界寻找安慰。它每次都抚平我心,安静地,不着痕迹地就把潮汐赶走,把美好拉过来缠绵。回忆从来都那么好,于是取舍的念头都近不了身了,我就一直任性着,一直一直。

曾经,在网上看到这么一句话:"喝水,我只喝纯净水……所以,我很纯洁。"读来不禁失笑,可是你知道吗?好多年前的我们,不必喝纯净水,坚守的,依然是成人无法超越的童稚。

为什么纵然千般不舍万般不愿,我的坚持仍换不来童年的驻足呢?

让人记住的方式有好多种,并不总是眼泪辉映,快乐有时也能笑出泪来。那么,在那些回忆里忘掉一切,享受着它送来的糖果的味道,是否也是一种解脱与释怀?

至少曾经我哭过,笑过,牵挂过,放肆过。所有爱的滋味我都酣畅淋漓地体验过了,足够了。倘若一个转身,必须洗掉所有,那么继续走之前,我会停住,回头,看看过来的路,微笑,摆手,无愧年华,无愧回忆,心满意足。

也许童年的光芒不是太闪,可是安静下来,把这些甜蜜都挑出来串起,这最纯的美好恰恰是最让人感动的。无论过多久,无论我们在成长的路上走多远,我们还有这颗无杂的心相伴。同时,我们也就会提醒自己不要丢弃。

童年依然,微笑依然,感动依然,幸福,依然。

也可以清心

汪仁慧

　　曾在一只古朴的茶碗四周看到这五个字,不禁怦然心动。不仅仅是因为它不论从哪个字开始读都能组成一个短小的文言句子的神奇,更是因为它带给我的那份清爽的享受,让我娓娓读来,唇齿留香。

——题记

蜂蜜·清醇

　　那是一种闪着莹润光泽的醇厚液体,金黄金黄的,仿佛是那勤采花蜜的蜜蜂从太阳那儿撷取了点滴灿烂的光华。童年时候,放学铃声一响,背着书包蹦跳着告别了老师的我们,便拥入了村落温暖的怀抱,在家的昏黄灯火下，贪婪地吮吸着融有太阳的香甜味道的蜂蜜，杯口升腾着清醇的甜香，画出缕缕童年的金色印迹。

淡茶·清雅

一直在脑海中这样想象：一位文人雅士，一间布置简单的茶楼，几柄泼墨山水装饰的纸扇，窗外青松翠竹相互掩映，室内幽兰飘香，身着白衣的学子在屋里高谈阔论，当然，也少不了那极其淡雅却有点睛之妙的清茶。闲暇时候，我会兀自泡上一杯清茶，看着蕴藏大自然生机的绿色在清碧的茶水中升腾，翻滚，最后下落，思绪也随之荡漾开去。每次恍过神来，茶已凉透，手中的水壶倾斜，幽幽茶水已漫溢了满桌满身，于是乎手忙脚乱地收拾残局。虽然没有品尝到茶的清爽，但它为我创设的那种清雅情趣，已足够伴我度过这段闲暇时光了。

薄酒·清悠

我虽不曾饮过酒，但自幼受嗜酒的外公熏陶，对酒多少也有些了解。外公曾这样阐释品酒的学问：准备许多下酒菜，喝得杯盘狼藉，这是下乘喝法；几粒花生米，一碗豆腐干，和三五好友"天南地北"，是中乘喝法；一个人独斟自酌，"举杯邀明月，对影成三人"是上乘喝法。而这上乘的喝法,依林清玄所说,又可因时令而变化。万物复苏的春天,面对满园怒放的杜鹃细饮五加皮;骄阳似火的夏天,在满树狂花中痛饮啤酒;秋日薄暮,用菊花煮竹叶清,人与海棠俱醉;冬寒时节则面对篱笆间的忍冬花,用蜡梅温一壶大曲。此时,就到了"无物不可下酒的境界"。好酒要与好诗搭配,更能凸现出清悠的气质。"喝淡酒时宜读李清照;喝甜酒时宜读柳永;喝烈酒则大歌东坡词;其他如辛弃疾应饮高粱小口,读放翁应大口喝大曲;读李后主,要用马祖老酒煮姜汁道出怨苦味最好;至于李太白则浓淡皆宜,狂饮细品皆可。"林清玄一语便道出了陶潜"采菊东篱下,悠然见南山"的清悠境界。

凉水·清远

平淡无味的凉水是再普通不过的了。但每次在盛夏之时归家,妈妈总会为我准备那样一杯凉水。虽不似其他饮料透着丝丝酸甜的气息,却能让我从心底里感受到沉甸甸的母爱。原先浮躁的心情在凉水的洗涤下变得平静。我想,凉水是有时间触觉和生活气息的饮品吧,不太烫又不太冰,既能让人在成功后再接再厉,又能让人在失败中不至于灰心丧气,从无味中滋生出人生百味,在我们人生路途的前方勾勒出清远明晰的轮廓。

人生·清明

　　其实人生也就是一种饮料，人生的滋味也会根据不同人的需求自行调配，而真正高明的人会荡涤去内心的尘埃，给他人留下一抹清明的记忆。而我却愿做一杯清咖啡，散发出属于生命原本的浓厚醇香，沁人心脾。

　　只愿以清心也可，就已经足够。

往事如歌

李林玲

　　一个安静的午后,阳光慵懒地铺洒在静谧的街道上,空气中的浮尘也随之轻柔起舞、旋转、跳跃。我从书店走出,缓缓地漫步在街道的树荫下,独享这一份闲适。上初中以来,难得有这样一个放松的机会,也难得自己有这样一份愉悦的心情。街上只有寥寥的几个人。沐浴着温暖的阳光,突然想起了很多几乎已经被遗忘的事,蓦然回首,映入眼帘的是那条石板街。霎时间,童年的记忆铺天盖地地涌上心头。

　　记忆中的石板街,路上是一层厚厚的泥土,上面铺着凌乱的青石板,走在上面的时候,会发出咔、咔、咔的响声,很聒噪但也很清脆。石板街其实是个很幽静的小巷子,但路上总是坑坑洼洼的,下雨后,便会出现一个个小小的"酒窝",孩子们都喜欢提着裤子,光着脚丫,在水窝里踩来踩去。小时候,爸爸在这里做事,所以,幼儿园一下课,爸爸便带我跑到石板街去玩。我依稀记得在石板街的一个角落里,好像有一个很黑的小房子,每次不听话,爸爸总是吓唬我说:"再不听话就把你送到小黑屋里去。"这一招,几乎对所有的孩子都管用。

石板街里总是飘着一股甜甜的香味,很浓很浓,因为,这里面住着一个卖麦芽糖的奶奶。她总是坐在巷口,不知道在张望着什么。每次遇见她,她都会很慈爱地望着我笑,拉着我的手,塞给我一块麦芽糖。麦芽糖在嘴里融化,浓浓的甜蜜聚集在舌尖上。我很喜欢她,每次都会对她笑,只是希望,我的笑也可以带给她像麦芽糖一样的甜蜜……

童年跳格子的白线,如今不知指着谁的寂寞笑脸。现在,我独自一人站在巷口,清冷的风,拨动了我心中的那根弦,"安安,莫莫,小刚……"这些名字藏在我的记忆深处,一直不敢忘记,那么,你们,忘了我吗?放学后,几个小伙伴,拿着一小节粉笔在石板上画下大大的格子,然后每个人都在里面勾勒出自己认为可以代表幸福的图案,然后彼此交换,让对方可以得到自己的幸福。那个时候的我们,只是单纯地想让别人开心,现在想来,那时的举动早已被当成了一道风景藏在了心里。

我慢慢地走进石板街,静静地,没有一丝声响,路上铺着很整齐的石板,原先坑坑洼洼的土坑被填平,上面盖了一层厚厚的平整的水泥，往日，那些斑驳的带着微湿的青苔的墙被推倒，做了一个个精致典雅具有土家风味的木房子，卖麦芽糖的老奶奶不在了，商店里摆的都是装饰得很精致的食品，也有麦芽糖，我吃了，只是再也没感受到小时候吃出的浓浓的香和甜。安安他们已经去念中学了，他们还好吗？

　　我走出石板街，感觉有些凄凉，那个给我幸福和希望的地方好像已经消失了，我默然。破旧但温馨的石板街，精致且典雅的石板街。到底，我该记住哪一个呢？

　　猛然间我笑了，石板街的温馨和快乐，甜蜜与幸福在那个阶段我已经体验过了，留下的记忆不会丢失。而现在这个石板街正是家乡走向繁荣的起点，我应该为家乡感到骄傲。街上腾起的一栋栋大厦，干净的柏油马路，舒适的林荫小道，人们过上了舒适的生活，那个记忆中的石板街已经越走越宽了。

四 面 楚 歌

陈 旭

多少次曾在梦里穿越回眸,多少次曾看见河就想起了漂泊。

雨纷纷,一把古朴的伞带着我走到了雨季的尽头。雨过初晴,我独自来到江边。纵使一路泥泞也寻不到先人的足迹,我不曾回头。江堤上,阵阵清风拂过历经风雨愈发油绿的小草。我仰望着天空,深邃无瑕的蓝色带走了我的遐想,去了另一个时空,仿佛我也跟着穿越了。

汩汩不绝的江水。阳光温柔地洒进水波,光鲜而不刺眼。彼岸高楼林立,人潮涌动,数不尽的繁华。一度蒙昧荒蛮的荆楚大地已经在各种文明的交织下脱胎换骨,取而代之的是崛起的风华。这片土地上,一定曾有人在此驻足,播种了文明。

我想起了余秋雨先生的《山居笔记》中两篇脍炙人

口的文章——《流放者的土地》和《天涯故事》。书中说："东北这块土地为什么总是显得坦坦荡荡而又不遮遮盖盖？为什么没有多少丰厚的历史却又快速地进入到一个开化的状态？至少有一部分，来自流放者心底的这份高贵。"东北与海南虽天各一方，但曾经的流放者们，被贬谪的文人墨客，都曾为荒蛮的土地带来过文明的火种。嫣然一笑，天涯便成家乡。"嫣然一笑，女性的笑，家园的笑，海南的笑，问号便成句号。"想到这里，我肯定，定有一群群人在荆楚大地上来了又走，他们带来了文明，带走的只是回忆。有的甚至将热血洒向了这片土地，就像奔腾不息的江水，风干不了。千百年来，他们的步履一刻也未曾停止。风雨飘摇，他们却义无反顾；流离失所，他们依然视死如归。

千百年后，我在江边环顾，他们的足迹我已无处寻觅。他们的歌声是否还在风中传响？他们的灵魂是否还在游离飘荡？

"沅有芷兮澧有兰，思公子兮未敢言。"洞庭湖畔，兰馥芷韵，渔歌唱晚，屈子在汨罗江上漂泊，突如其来的悲怆让他不能自已。他凝视着远方，满目的怅惘，又有谁能读懂他破碎的心？"众人皆醉我独醒，举世皆浊我独清。"区区江边一渔父，又怎能领会屈子历经的沧桑？又怎会知道屈子心中的"公子"是故里秭归，是楚国国君，还是天下苍生？"路漫漫其修远兮，吾将上下而求索。"

这其中包含着几多豪迈,却又几多无奈。一路艰辛,他实在无法走下去,无能为力,只好纵身一跃,从此五月成了江边粽叶飘香的季节。

"虞兮虞兮奈若何？"多么透明的哀伤,多么潦倒的无奈。同样是战乱纷纷,兵荒马乱的年代,同样是走投无路的结局。当年西楚霸王举鼎时的武功盖世,在命运面前却显得那样苍白无力。"落日的响亮,他砍掉自己的头,保全了心。"英雄气短,心高气傲,江山美人曾离他那么近,却还是落得个宝马送人,人头落地,一无所有。曾经的西楚霸王,却无颜见江东父老。千古遗恨,到底是没有运筹帷幄,还是天要亡我？他终究没有怨天尤人。

四面楚歌,穿透楚河,穿透苍穹,响彻神舟大地。屈子的心,项王的心,原来,他们都不过是过河之卒,不能回头,除非取得胜利,才能满载而归。这是游戏规则,无论如何,我们也无权否定他们,毕竟,他们带来了文明,功不可没。

流不尽的楚河,我依旧在江边凝望。一道天光划过天际,鼓角声响起,四面楚歌,何等的悲壮,何等的苍凉！

拥抱阳光

吴慧敏

西亚的热带森林里，生长着一种高三四米的常绿灌木。它的叶簇生在枝条顶端，叶片呈倒卵形，上面有明显的叶脉，常年接受阳光的浸润。它有一个特殊的功效，果实里含有糖朊等活性物质，能关闭舌部主管酸和苦涩的味蕾，开放主管甜味的味蕾。所以当你先吃它之后，再吃无论多酸的柠檬还是多苦的青果，你唯一的味觉，就只有甜。生活也正是如此，只要你拥抱阳光，敞开心扉，关闭自己的悲观味蕾，开放所有的甜蜜因子，阳光，就是注入生活的兴奋剂。

拥抱阳光，拥抱希望。阳光总以热烈和生机充斥在人们周围，它带来枝繁叶茂带来万物复苏，更重要的，是它赋予人们生气与灵动。

二战期间，纳粹的特别集中营里囚禁了十万多名犹太人。在这个死亡驿站里，不到两年时间，一万五千名孩子被编上名册，胳膊上烙印着数字符号，那是它们的死亡脚步。一个一个，按顺序被玩弄至死。多年后，人们从板壁底层、阁楼顶部，以及泥土里的铁皮箱中发现了孩子们的四千五百张画作和散落的诗歌！孩子们在画作一角标注了自己的名字……那是小埃卡的《瓶花》，有宽宽的叶片和大朵大朵的鸢尾，她七岁；那是海伦娜的《夜空》，有斑斑点点的寒星，她十一岁……撑起那些光亮的是一群犹太作家，他们让孩子们贴着阁楼窗，淋浴阳光体验蓝天小草、树木，并让孩子们在记忆中再现天地、河流、自由的扁舟。幸存的孩子记下老师的话："画下大自然的呼吸，用太阳去定义黑暗。"集中营外那轮大大的太阳成了孩子们心头小小的明灯，照亮了一份憧憬、一份希望。孩子们呵护着这盏心灯，心灵没有走向枯竭，精神没有走向残缺，生命没有走向窒息，永远那样充满生机，充满灵动。

拥护阳光，拥抱爱。阳光是无私的，它将公平洒遍每个角落，它将爱贯穿生命始终并绵延无穷。

摄影家来到索马里难民营采访，想用相机记录下难民们水深火热的日子来唤醒世界的良知。难民们找出最整洁的衣服争相拍照。这时，一个小姑娘跑来要求拍照，胸前竟还戴了一串金光闪闪的项链，那是她用泥巴搓出的一个个小球然后涂些花粉串成的项链。可摄影家的胶卷早已用完。看着眼前这个面黄肌瘦、满眼渴望的小女孩儿，他知道这对她意味着什么,摄影家点了点头。他拿着相机的手在颤抖,他不能让这"笑脸"凋谢。她对着镜头微笑,他也不停按着快门用一个个闪光灯骗过了她的期待。阳光下,那露着光圈的项链格外耀眼。非洲女孩儿脸上灿烂的微笑,在那一刻摄进了摄影家的心里,那是一群贫苦交加的人们对美好生活的渴望。女孩儿说:"再没有比阳光更耀眼的光亮,那是神来自天堂的爱。"那金黄,成了最温暖的布景。

　　拥抱阳光,你就能不懈进取,不放弃追求和希望;拥抱阳光,你就在心底存有一丝温暖,怀抱一份温情,生活也就处处阳光。

月是故乡明

熊 浩

是谁，在白露横江的秋夜里，不知桂花的清香，不理美酒的醇厚，硬是那样偏执地吟出一句别有滋味的诗句来——"月是故乡明"，简简单单，清清浅浅，却一语道破天机，解释了我们情感与认知之间那奇妙的天平。

月光将皎洁的亮色洒向大地，我踏在一条洒满月光的小路上，小路是父亲用鹅卵石铺成的。在月光下泛着朦胧柔和的光。路的那头，连着河边的小屋。河的一旁，是些垂柳和一些不知名的树。没有月光的晚上，这路上阴森森的。今晚却挺好，一轮满月，如流水一般，清澈明亮。

那是一个凉意正浓的深秋的夜晚，我，却在这个平常的夜晚充分感受到温暖和幸福，原来家乡的月夜竟是这般的令人陶醉，这般的沁人心脾。或许这就是为什么加利福尼亚透明的阳光，莱茵河畔圆满的月亮，剑桥小河浪漫的流水都远远及不上家乡日暮时那淡淡的月色，只因这是我们所熟悉而深爱的地方。

校园的月夜固然热闹非凡，同伴们三五成群，同桌两两成对，在走廊外，在石凳边，在草地上，仰望星空，共赏明月。这也确实令人欢悦，可是我分明感觉到这月还是少了那么一点儿情感，少了一点儿光亮，少了一点儿熟悉的味道。

自己一个多月没有回家，而放了假，回到家乡，便有一种莫名的兴奋与喜悦。回家的第一个夜晚，就能欣赏到如此迷人的夜景，这让我很是激动。小路边一大块星星点点的光斑吸引了我的眼球，我慢慢地走近，是水洼，是石头……我不断地幻想着。哦！都不是，原来那是我前些日子打碎的玻璃瓶，碎片已被踩进泥土，只有表层还露在地面，在月光的照耀下，反射出微亮的光斑，像洒在地面的银粉，像萤火虫忽闪忽闪的光亮，给这个神秘的夜晚增添了一丝色彩与生气。

我环顾四周，月光是隔着河边的垂柳照过来的，远处丛生的杂草，落下参差的黑影，垂柳的丰姿，便在这月色中更显迷人，在微风的吹拂下，舞动着优美的身姿。

山不巍峨也可以是绵绵的，水不秀丽也可以是悠悠的，衣服即使并不崭新明艳可因为有了母亲的抚摸而感觉得到它独特的温暖与芬芳。相信每一个人都有这样一份深深的浓浓的扯不断的情感牵系，因为这种牵系，便含着笑，含着泪纵容了自己那份偏执的认知——月是故乡明。

开在记忆深处的花朵

那曾感动我的小镇

李 冰

　　灰黑的瓦楞，在阳光的照射下闪烁着青光；白色的粉墙，下沿常常留着孩子们的手印脚印还有涂鸦；一条青石板路，在一块块青苔的点缀下蜿蜒而去，朴质如斯。

　　那曾感动我的小镇，是三生石上的一朵睡莲，它静静地泊在那里，往往在某个神思恍惚的瞬间就会绽放于我的心田。

　　走在小镇的老街上，毗连的砖墙瓦屋，木板门的店铺，以及脚下青石的街面，都是安安静静的，擦身而过的小镇人，也都是不慌不忙的。街面说不上整洁，可是那份宁静与泰然，常常就抹去了我心上的浮躁与喧嚣。

　　走累了的时候，随意找一家小店，店老板热情地招呼着端茶送水，一个小孩儿在门边就着一高一低的两张板凳弯着脑袋认真写作业，这是镇子随处可见的情形。走过一个同样朴素的中年人,老板喊着孩子站起来,唤:"张老师,回家了呀。"老师笑着应了,走远。这样朴实的一种尊重,不由让我会心一笑,心里暖洋洋的。

小镇很小,泥土味儿挺浓。有很多的街上人都来自农村,他们的父母叔伯、三姑六婆大都住在乡间,闲来无事时,街上人就拖儿带崽的逛到乡下去喝喜酒、走亲戚;而乡下的亲戚也会到小镇串门,有时赶圩就顺便到街上的亲戚家坐坐、喝口水、吃晌饭。小镇的人情味很重,也常常令我感动。比如,邻居不在家,正好有客人来了,隔壁人家也会招呼。比如,孩子散学回来,家门紧闭,邻家就搬出凳子让孩子们在一起做作业、吃饭,对他们来说这是再寻常不过的事了。

小镇的街道两旁栽满了法国梧桐,梧桐叶像一只只摊开的手掌,随风轻轻摇摆,会让我想起"清露晨流,新桐初引"的词句。日子就如树叶的脉络,安静地延伸,平淡,也隽永。

我生于斯长于斯。离开小镇去县城上学,隔月回去一趟,总觉得分外亲切。

可是不知不觉中,小镇在变。一日,长了几十年的高大浓厚的梧桐树忽然就全伐了,说是政府嫌梧桐落叶难扫,要改种四季常青的樟树。新树迟迟未栽,没有树荫的小镇就如没有头发的女人,看着实在有些难堪。

街面上的麻将桌子、牌桌子多起来,男人女人有事没事便三五成群地聚在一起筑长城、斗地主,据说有人输得妻离子散。

网吧多起来,一条不到一里长的街道上居然林立起十五六家网吧,一瞥之间,站着坐着的多是半大的孩子。时常听见街坊婆娘的谈论,谁家的姆妈在网吧逮住了自家逃学的孩子,打的那个狠啊,可还是管不住……

那年年岁岁弥漫在我身边温润而惬意的空气日渐浑浊了,我的心隐隐地痛,那曾感动我的小镇,我是否只能将美好的记忆,一片一片缀连起来,让它沉淀在心里潜留于梦中了呢?

那是一首歌

姜芯蕊

记忆中,那场冬的气息弥散至今。

雪花瑟瑟地飘落下来,钻进我的视野里。刚才和妈妈争吵时脸颊上染上的红晕,瞬间映成了一片惨白。我静静地走进这抹惨白,唯有身后的雪被踩紧的沙沙声陪伴我,心中愤然不平,还在生妈妈的气。

一步两步,沙沙,沙沙,我用力踩着。

一步两步,哗啦,猛然停住,似乎惊动了什么,身边的小灌木丛上的雪落了下来。

冥冥地,眼前突突兀兀地闯进了一星黑色。

蹲身下去,惊喜地发现是一只黑色斑斓的蝶,我倒退了几步,着实大吃了一惊。

这只蝶……还活着吗?

我轻轻用手碰了碰它残破的双翼,那昔日柔滑的道道弧线，支支棱棱地错杂开来。

只可惜，静静地，它依旧死死攀着那枯黄的枝干，我的无言散入风里，散得好远。

风卷过，它的翼只是硬硬地挣了挣风的束缚，又重新直挺挺地插入雪的绵绵之中。

我无言地又蹲着凝视着这曾经脆弱的生命。或许，唯死后的僵立，才能让你有片刻的坚强吧。那对翼又弱弱地颤了颤，褪去了斑斑黑纹在一片兀然的惨白中显得分外凄凉。"唉！"叹息冰封了生命无限的多彩，凝重了此时的凛冽寒风，想到刚才，心中无限悲楚。

起身，准备走，一步，两步，脚印浅浅地蒙上雪又被深深地压到窒息。感叹生命的悲歌此时太悲壮，我怕，冬在这一刻会永恒。

猛然闪过一丝念想，这只蝴蝶为什么死死地紧贴这树干呢？莫非……

我转身跑回来，蹲下。

我按捺着心跳，小心翼翼地想将那对翅拢起。它们硬硬的，干干的，轻轻地一拉，竟未拉动，那几丝纤细的足抓得竟如此牢固。我狠狠心，又努力地拉了拉，终于，那脆弱的身躯飘然落下，我心中一颤，蝶的落地竟如此沉重庄严。

树干上排满了密密的蝶卵！

瞬间，我也成了惨白一片，跌坐在雪地中，眼前的黑蝶，眼前的雪景，颤动着融成了一片。

生命的悲歌竟诠释了另一份伟大的母爱，轰轰烈烈响彻了那一瞬间。

那是一首歌！生命的悲歌！母爱的歌！

泪模糊了一切，我却分明看见，远处，妈妈撑着伞向我走来。

放手也是一种爱

张冬梅

起风了,蒲公英妈妈毅然地将她的一群儿女抛向空中。一眨眼的工夫,儿女们就被大风刮走了。

眼看着蒲公英妈妈又要将自己最心爱的小女儿小英子抛向空中了,小英子急得大声哭叫起来:"妈妈,我不走嘛!我要和你在一起,我还要你的呵护啊……"凄惨的哭叫声让老天爷都忍不住动容要流下伤心的泪水了。但蒲公英妈妈却依然态度坚决,只见她将脸紧贴在小英子的脸上一会儿,然后充满温情地对小英子说:"小英子,不要害怕,去吧!有你懂妈妈的那一天。"

就这样,蒲公英妈妈毫不留情地把小英子也抛向了空中。从此,可怜的小英子开始了一段没有妈妈关爱的惊心动魄的生活经历。

先是可恶的风儿将小英子吹离开妈妈十万八千里,

而且风儿还不满足,一定要将小英子一次又一次地摔在地上、撞在树上和碰到石块上。接下来豆大的雨点从天而降,一会儿地上便有了无数条小河,可怜的小英子还未得到片刻的喘息机会,就被一股巨大的水流吞噬了。小英子不知在水流当中挣扎了多长时间,才在一个不知名的地方偶遇一片宽大的植物叶子而获救。黄昏时分,雨渐渐小了,地面上的小河终于消失了,已经没有一丝气力的小英子从宽大的植物叶子上掉落下来,又被深深地陷进了松软的泥土里。泥土深处比起天空来不但显得更黑,而且更阴更冷和缺少氧气,实在叫她喘不过气来了。为了活下去,小英子拼命地从泥土里面往外挤。也不知道过了多长的时间,小英子终于将头挤出了地面。令人惊奇的是,此时的小英子已经脱胎换骨,由一枚小小的蒲公英种子变成了一棵鲜嫩无比的蒲公英幼芽。

　　沐浴着朝阳、享受着春风的小英子好高兴,她知道,她很快就能变成妈妈的模样了,她也能和妈妈一样用自己娇小的身躯装点美丽的春天了。这时,她突然明白了妈妈为什么不给他们兄弟姐妹呵护的良苦用心,自然也就懂得了"放手也是一种爱"的道理。于是,她禁不住在心底默默地感谢起妈妈来。

善待不及格的卷子

刘竺岩

男厕所,上演了残忍的一幕:某君手持一张赫然用朱笔大书"45"的数学卷子,眼角闪出一丝寒光……厕所内霎时传来一阵刺耳的纸声,那张卷子已成了一团形状奇特的垃圾。随后,这团垃圾被扔进了蹲位,又是一阵水声,这张卷子魂归下水道……眼看着一个壮举的完成,此君便昂首阔步,打着唿哨着曲迈出厕所。

学校印刷室里,每天源源不断地印出N张令人抓耳挠腮、绞尽脑汁、苦思冥想、几近癫狂的卷子。经过全校数千名莘莘学子的手笔,再经众老师"笔耕"一遍,不及格者又会成堆出现。在这一堆同学中,又会有多少像此君一样对待卷子的呢?

或水淹,或火焚,或土葬,或掷之于窗外,或撕之为碎屑,或弃之于垃圾桶内。毁掉不及格卷子的方法五花八门，数不胜数。

同为卷子，满分者倍加呵护，逢人就大肆炫耀。说句您不爱听的，这纯粹叫嘚瑟。而不及格的呢？羞于启齿，但愿这辈子看不见它才好，于是就有了上述做法。

这就是问题所在：把卷子毁掉就代表没有考过这样恶心的成绩吗？把卷子毁掉，问题就完全解决了吗？毁掉这张不及格的卷子，卷子上的错误就会顺着下水道流走吗？如此下去，你的不及格卷子将会越来越多，从论张算变成论斤算。轻则造成下水道堵塞溢水，把厕所变得臭不可闻；重则让你的期末考试、中考、高考不及格。你有办法让你的中考、高考成绩顺着下水道流走吗？

所以，要善待你的不及格卷子。怎样善待呢？你可以把它贴在墙上、桌子上，以及一切你一眼就能看到的地方。这样，你的错误，红彤彤的不及格成绩就会天天在你眼前晃悠，让你寝食难安，感到巨丢面子，于是乎暗下决心，废寝忘食披星戴月地发奋学习。效果显而易见，不及格卷子数量会成倍减少，最终彻底与它们诀别。

"失败是成功之母。"这句话我佩服得五体投地。把失败冲进下水道，它当然生不出成功。反之，善待失败，让它天天在你眼前晃悠，它便会像吃了饲料的母鸡一样，生出一批一批的成功……

有时，对待失败，并不一定要抛弃它，永不问津。试一试，善待它，把揉成一团的失败熨平，从布满蜘蛛网的尘封中把它取出来,把失败与成功摆在一起,寻找问题的所在。一优一劣,看起来自然大煞风景,令你汗颜。为了避免这样大煞风景,你必然会向成功努力。

生活,像一张卷子,里面充满了不如意。你要善待你的生活,尽管它令你很沮丧。但只有善待它,才是你获得九十分、一百分生活考卷的基础。

天天吃糠的母鸡,自然产不出好蛋;把不及格卷子冲进下水道的学生,也得不到满分的答卷。不过,你喂给母鸡饲料,它就会以成倍的鸡蛋来回报你对它的慷慨。故此,善待你的不及格卷子吧,虽然它令你伤心难过。但一时的痛,往往能够换回一世成真的梦。

开在记忆深处的花朵

曹清琼

盈月如盘,高悬在夜空,洒下缕缕清辉。

四下里一片宁静。

此时,点一盏油灯,独倚窗棂,我翻开史册,扑面而来的是千年记忆的芬芳。扉页间浮现出一个不朽的月明之夜——

鳞次栉比的屋宇之下,西施伴随着喜庆的乐音,翩翩起舞。精致的木屐、小巧的铃铛、华丽的首饰、飞舞的裙带,这无与伦比的装束,映衬着这位绝世佳人。皓齿朱唇,和着音乐一张一翕;秀目蛾眉,随着舞姿一皱一舒。灵动的佩环,隐约闪烁着泪渍斑斑;粉色的裙纱,似乎牵动着愁丝缕缕;清脆的铃铛,竟然碰奏出淋漓的凄凉;沉重的木屐,分明踏打出锥心的悲怆。

这是怎样的一个女子?秀丽的眉峰如山水般清新、淡雅，但那成熟而又夸张的每一抹画笔，又显然饱蘸着深入骨髓的亡国之恨。那碧汪汪的一眼秋水，仿佛可以望穿宫廷的红灯绿酒、奢华富贵。我知道，你的心早已归越。

　　忍辱负重，以身许国，你成为吴王最宠爱的妃子。后人都明白：你的目的只有一个，那就是为了国家的和平与安宁，为了已经沦亡的越国东山再起。作为一个美女——其实也是一个亡国的女奴，你心怀着国仇家恨，肩负着君王的重托，前往吴国，去完成一项本不该由你担负的使命。所幸的是，你终于成功了。于是，你和你那美丽的名字，成就了中国历史上的一段千古佳话。可是有谁知道，在多少个不眠的夜晚，你曾经独自对月流泪？又有多少个花谢草衰的日子，你将怀乡思归的情愫按捺在心底？

　　…………

　　我的手还在不停地翻动着史册，但思绪却在原地徘徊。抬头凝望，浩瀚的苍穹中泛着一轮金黄的圆月，下边是一片洒满碎银的广袤荒漠……一定神，其间浮现出又一位绝世佳人的美丽倩影。思绪飞扬，我的视线逐渐清晰起来——

　　月华如练，昭君着一袭水色长裙独立在月色之中。那是一位多愁善感的美人，清眸如水，黛眉如烟，眉间紧锁着一丝丝哀怨；倩影婆娑，玉指纤纤，轻轻拨动着那断人心肠的琵琶弦。静谧的月夜里，悠长的琵琶声久久回旋，四处弥漫着淡淡的忧伤。

高高的宫墙把热闹的长安城围得密不透风。城内灯火辉煌，歌舞升平，城外的你却一个人尝着离愁之苦。你是知道的：这一去，春雨般的温润将不复存在，那些熟悉而亲切的故人面孔将渐渐远逝，替代的将是狂风乱沙的侵蚀，是骑着战马、弯弓射雕的日子。但是，你没有后悔！

今夜，你在故土落下了最后一颗泪。满天星辰，成为你的见证。

为了天下百姓能够安居乐业，为了国家能够和平昌盛。你选择了离去，选择了牺牲自己。

最后的思乡之泪也变成明星，照亮了你离去的路，守候着这片你深爱着的故土。

昭君，多美的名字！不是因为你那如花的笑靥，而是你那柔弱身躯包裹着的博大心怀！

…………

透过那柔和的月色，我看见两朵奇葩正在绽放。她们为那源远流长的中国历史的记忆长河增添着光彩，她们是开在我记忆深处的美丽之花！我则如同一只蜜蜂，趴在花间，深深地嗅着花蕊的芳香，贪婪地吮吸着滋养灵魂的蜜浆……

母校，远去的歌声

谢 然

那日与好友在QQ上闲聊。她说近来耳边会响起母校经常播放的歌曲，颇有身临其境之感。我看着电脑屏幕，眼睛定格在她的话上，停下了敲击键盘的手指，陷入了对初中校园生活的冥想之中。

六点半，校园里开始回荡着take me to your heart，一首百听不厌的情歌。我们住宿生听见这首歌，就好比祖逖听见了鸡叫，立刻起床，洗漱。我们被要求在这首歌结束前下楼列队集合准备晨练。这首歌最妙的地方，就在于它比较长，让我们拥有一段优裕的时间来做准备。可惜后来不知是哪位不解风情的家伙撤下了这首体贴的情歌，让我们在好长一段时间里怨声载道，以致迟到事件频频发生。

过去甜蜜而惆怅的河，流淌着的是永不能再次踏入的遗憾，流走了心头如笑靥般的涟漪。

指尖又开始灵活地在键盘上跳来跳去，我说，你的话也让我开始想念初中的校园了，我现在对午休起床铃声的那首儿歌都特别怀念了。

本以为长大后，至少不再是幼儿之后，应该不会有什么机会再听见儿歌了。不料初二的某一天，中午起床的铃声突然变成了"阿门阿前一棵葡萄树，阿树阿上两只黄鹂鸟……"当时的第一反应是狂笑不止，心想是谁那么恶作剧，把原来好端端的起床铃改成了一首儿歌；过了几日才明白，这首儿歌真的是起床铃，不是玩笑，我便开始郁闷起来。本来午睡就让人万般留恋，反倒让一首老掉牙的儿歌来骚扰我的睡眠……其实我知道，用这条理由来解释我心头的郁闷实在牵强，但当时我就是任性地讨厌这首歌。事过境迁，再也回不到初二的我，现在对它却煞是怀念。

原来那一切一切难以用语言来表达的抵触心理，在某一瞬间就会变作写在记忆中的床边月光，那份坚持的抗拒只不过是心底自以为是的执着，用李商隐的诗说，此情可待成追忆，只是当时已惘然……

她在那边又说了一首儿歌，"虫儿飞虫儿叫，虫儿追着虫儿跑……"她又说，不说这个了，再说就又要陷入回忆的旋涡里，难以自拔。

迟了。我早已沉沦在对往昔的回忆中。那时，我整个上午都在盼望着广播里放校歌，因为校歌一放，意味着上午最后一堂课结束，我就可以拉上好友以百米冲刺的速度奔向食堂，慰劳一下我那个早已唱起空城计的肚子。下午我盼望着小虎队的《红蜻蜓》，因为这歌声一响起，就宣布下午放学了。我便与好友急急地赶回宿舍，抢在其他同学的前面占据洗澡间，洗却一天的疲劳。其实，现在想来，这些歌儿都不是我喜欢听的，但我乐意听见它们，很奇怪吧，不是吗？稍稍推敲一番，我知道了，这是因为我喜欢它们在我生活中所代表的意义，就好像我不喜欢中午起床铃的儿歌，是因为我根本不喜欢起床。

这些荒谬的喜欢与不喜欢在瞬间被撕下面具，化作一缕轻烟散去。转念一想，只要记得烟火绽放时瞬间的繁华绚丽，何必在乎留在炮盒里的只是一抹冰冷的尘埃？

我静默了一会儿，继续敲键盘：再说一句吧，你是否记得每次晨练后约莫在七点时放的那首外文歌吗？女声唱的，我想知道它的名字。

那首是我真正喜欢的歌。每次听到它，我都陶醉其中。七点钟的时候，我们尚在偌大的操场晨练，或慢跑或踏步，但操场上的大喇叭会传来歌者清澈的声音，如同九百多年前苏轼与张怀民遇见的那一洼如积水般空明的月光一般，是那样的清亮澄澈。没有声嘶力竭，没有杂质，而是一种很空灵的高声调，配上悠扬的旋律，勾勒出一个很空旷很高远的世界，仿佛在云端。

那首嘛，我不记得了。她说。

这句话，犹如一颗弹珠，先是落到了心间，嗒嗒，嗒嗒,嗒嗒,反复几次的弹跳,刺激着我的落寞,却又终归滴溜溜地旋到墙边的小角落里,慢慢不动。

  这样也好,让这首歌永远保存在我的记忆中,时不时地在脑际回响,在那里,过去与现在不是遥遥相望的洲,而是彼此相依的船。

心·友善

贾 沉

最近的心情和外面的天气一样萧条、冷落,没有一丝暖意。

临冬之际,萧瑟的寒风不留情地夺去身体中残存的热量,肚子也越加抗议起来。

踏着脚下的寒风,就近找了家店,凑合凑合。

简陋的店面,陈旧的木桌,黑白交映的墙面,剥落的墙漆掩盖不了岁月的磨灭。

唯一不同的,是这里的一排长队。我甚是纳闷,如此阴冷的天,竟有这么多人耐心等,凑近一看,是买豆腐脑儿的,吸了吸鼻子,呵!真香。

卖豆腐脑儿的是位大妈,乐呵呵的,待人甚是友善,上到老,下到小,她都本着友善的态度,热情地服务。近距离打量,她围着一条白围巾,粗糙的老棉线,但很厚实,一双布满皱纹的手似老树皮般,干皱皱的,微红的鼻子不时向外冒出热气,头发中夹着些许的银丝。

看上去也就是个平常人,可做出来的豆腐脑儿却着实令我惊叹。

烧开一锅水,一只勺握于掌心,一手托住青瓷碗,一只普通的瓷勺在她手中挥动自如,翻滚之际,碗中早已稳稳当当落着各式调料,顺势在锅内一拂,热腾腾的水花欢天喜地滑入碗内。掀开木桶,特制的扁铜勺,如流星飞际般,一片片均匀的豆腐脑在空中划过一道道白色弧线,如轻羽般柔飘飘地躺在碗中,平静如水,宛似水波不兴的白船。洒上几滴香油,拌上点儿葱花,看它们在汤中嬉戏,回旋,吸收醇香的汤汁,愈发地饱满,盈盈的,散发着特有的香气,完美地贴和着豆香,交相融合,吸一口气,香到骨子里去。

我正低头享受之际,不知何时,大妈已立于我身旁,手中盘子托着热腾腾的包子,说:"第一次来吧,尝尝包子,暖和暖和。"

我机械地伸出手臂,大妈友善地笑了笑:"趁热吃吧。"我点点头,咬着清香四溢的包子,热腾腾的暖意渗透全身,在心灵深处,绽放出一朵暖暖的奇葩,四散开来,温润着我的身心,驱走严寒的侵扰,不经意间,心,已被填得满满的。

纵使你再伤感,纵使你再孤僻,但是接纳友善的心,再冷漠的冰也会被化开。人，不正是这样才走到今天的地步吗？相信友善，让心驻满友善，就一定能改变周遭的一切。

牵动我内心的声音

石 敏

傍晚的风里,随着那嘭的一声响,爆米花香四散开来,包围了我的全身,装满了我所有的童年记忆。

"走喽,走喽……"夕阳落山,彩霞满天,伙伴们在我家门前的那片空场上大声呼喊着,接着就是一声短促有力的嘭,像催促的鼓声,敲得人心潮澎湃。"别把钱弄掉了!"妈妈的声音已经追不上我的脚步。

场子里已经围了很多人,老爷爷依旧穿着他那件又脏又破的大皮衣,脚上还是那双大皮鞋,膝盖上还是那一两个补丁。他一边拉风箱,一边哼着我最不爱听的河北梆子。我焦急地等待着,目不转睛地盯着那时不时冒出火花的小机器。"帅字旗——迎——风——飘,八姐……九妹……"老爷爷不紧不慢地拉着风箱,还时不时就着炉火看那台小机器上的钟表。呼嗒呼嗒,呼嗒呼嗒。

时间已经很长了，终于，呼嗒呼嗒声停了，老爷爷站了起来，戴上两只大手套。"好喽，好喽，开锅喽！"我早已躲到了远处，紧捂耳朵，眼睛却紧盯着那台小机器，心在跳个不停，总在计算着是否下一秒就要听到那一声嘭的响动。我一刻比一刻紧张，瞅着那暂时不再冒火星的炉子，想象着下一秒钟会发生的事情……

嘭的一声，我眼睛闭上了，心跳得更加厉害。一阵热腾腾的玉米花香包围了我，睁开眼睛，已经有几个小孩子挤在前面，他们是去抢喷到网子外面的那几个玉米花。老爷爷就又吆喝："不要急，不要急，小心别烫着！"

在爆米花迷人的香气里，我把大茶缸子捧给老爷爷，看他小心翼翼地倒进那台小机器里，然后盖上盖子，又使劲儿拧了拧，呼嗒呼嗒……不知道已经过了多久，妈妈开始喊我的名字，天已经黑透了，我家堂屋里的灯已经亮了很久了。

后来，我长大了，到城里来上学。小学，然后初中；初一，然后初三。还会吃到爆米花，在商场门口，它们被整齐地封在包装袋里，大小一致，颜色艳丽，全不似那嘭的一声后大小不一的模样，吃在嘴里，我总觉得少了一些滋味。

前几天回家，问起那个老爷爷，妈妈说他有好几年没来村里了，不知还在不在。而门前的那片空场，也盖上了房子，成了一个百货商店。

夕阳落山，彩霞满天，我站在车水马龙的街上，怀想老爷爷，他那一身旧皮衣，他哼的小曲。华灯初上，霓虹闪烁，那一声嘭，那一声让我心跳的声响，已茫远无处寻。

城市里的树

杨绍东

城市里的树，如蜗居于城市里的人，遍布城市的每个角落，静静地伫立在人们刻意的构架里，在一轮又一轮的寒来暑往中，迎送朝云暮霞，守候日月星辰。

那些树太普通了，普通得让人们总是忽略了它们的存在。当人们步履匆匆地穿行于大街小巷之时，我们不知道会与多少棵有名无名姿态各异的树，相遇于风霜雪雨之中。只是这些树太平常了，如同陌路相逢的街人，每次邂逅不过是一次次简单的擦肩而过。那些原本就行色匆匆的脸庞，又有多少冷漠的神情，抑或有几多闲情逸致，去专注这些意义非凡的生命之树？是的，压力与烦琐之下，没有人会在意与陌生人转瞬即逝的一面之缘，更没有多少人在意一棵树理所当然的存在。

城市里的树，就其生长的自然规律来讲，与深山老林里的树其实没有什么两样。只要是树，都会严谨地遵循着季节更替的单调规律，完成大自然恩赐予它们的简单却又神圣的使命。

初春的某个晚上，当尘世间万物，突然被一只冬眠中最早醒来的虫豸细弱的叫声惊醒之后，伴随着阵阵春雷，从寥廓遥远的山野，由远至近滚滚而来，一直抵达仍沉睡在冬的寒冷中的城市。那些早已在皱皱的树皮里蠢蠢萌动的芽苞，终于按捺不住内心焦急的等待，纷纷于春寒料峭的夜幕的掩饰下，探出了嫩绿细小的毛头。第二天早上，抑或是第三天早上，仍旧沉浸于冬的幻梦中的人们，如往常一般，在凛冽刺骨的风中，与某一棵树必然相遇之际，或许，只是一个不经意的抬头，便会惊诧地发现，往日嶙峋光秃的枝丫上，竟是点缀着星星点点鲜嫩的黄绿，再抬眼望去，原来，这条街上所有的树，不知何时，竟然全部齐刷刷地、嘟嘟地冒出了如此多粉嫩的幼芽。那种与春又再相逢的欣喜，自然是满满当当地盈满心房。

虽然，是城市里的树，给这些每天疲惫地奔波于生计的人们，最早传递了春天到来的信息，但是，似乎人们并不相信，城市里的几棵树，就会为他们带来春天的美丽景致。他们会于某个周末，美其名曰踏青，不惜舟车劳顿，纷纷奔向远方的田野山间，寻找春天到来的那一抹痕迹。在他们看来，只有远离城市，才叫融入了大自然之中，才能真正地放飞自己的心情。几棵充斥于钢筋水泥间的树，没有似水的柔情，没有激艳的春波，又怎么能洗涤他们烦躁而又落尘的灵魂？

　　就算是夏季的到来，也并没有让城市里的人们，对一棵浓荫蔽日的树心存感激之情。不得已而外出的人们，自然不会傻到顶着头上毒辣辣的烈日在街巷中行走。他们总是会选择躲到有树荫的地方去。除了抡着胳膊擦汗，口中咒骂着气候的炎热之外，他们绝不会想到那些与他们擦肩而过的树们，那些为他们撑起一柄柄遮阳大伞的树们的好。在他们的心中，这些树，如果连这活都不干了，那还傻累在街边干啥？倒不如砍了送家具厂。

　　城市里的树，虽如山野中的树一般，经历着春发秋落的自然规律，但是，说到底，它们比起山野里的树，又多了一分无可奈何的悲哀。那些野生野长的树，自然不会有人去料理它们的生长状态，栉风沐雨之中，它们可以随着自己的心意，枝枝丫丫想怎么生长就怎么生长，不需要入谁的眼，也不会碍着谁的路。但是城市里的树，却无法由着自己的意愿随意乱长。人们总会按着自己一厢情愿的想法，把树修剪成他们规定的形状。有些不听话的树，如若想要和人们较劲，长出个旁枝斜丫来，那么，人们也会和它们较上劲，一把无情的铁锯，吱——吱——，来来回回地拉动。咔嚓声中，树，终于又变成了人们理想中的模样。人们看着自己的杰作，满意地点点头，笑着走开了。只是，唯有树自己才知道，那道触目惊心的伤口上汩汩流出的树浆，是它们无语哭泣的眼泪。

很多时候，人们总是虚妄地认为，自己便是这个世界的主宰。一棵树的命运，更是在人们的手掌之中。只是，可怜的人们，你们不会没有见过那些虬枝盘结的老树吧？站在沧桑的历史中，虽然它们只是用肃穆的静默来面对风云迭变、人间百态，但是，不语的它们，却是见过连我们都不可能谋面的，那些在过去的年代里也曾步履匆匆地穿行在这个城市里的，一辈又一辈的祖先们。对于生活在城市中的人们，不管是达官显贵也好，贩夫走卒也罢，百年之后，永远都只会被称之为这个城市无足轻重的过客。而那些曾与我们一次又一次相遇的树们，它们又将在四季的轮回中，悉身亲历我们的后辈们，再次重复着我们曾经重复的祖辈们的故事。

或许，只有这些树，才更像一个城市的主人；也只有这些树，才是一个城市真正的灵魂。

雨中的情愫

郑 田

法式浪漫

塞纳河上雨雾朦胧，雨点密集地冲刷着这座古都百年的沧桑。撑着伞走在雨中，静静地看着广场上来不及避雨的鸽子，它们的羽毛安静地伏着，一双双小小的眼睛依然在看着曾千百次看过的风景。

塞纳河上溅起了处处水花，人们纷纷躲到河畔有棚的书摊与咖啡厅里。咖啡的热气袅袅升起，弥漫了整个世界。一对年老的夫妇撑着蓝色布伞，相互扶持着沿着塞纳河向远方走去。没有人知道他们来自哪里，也没有人知道他们要走向何方。人们只是看着他们，饶有兴致地谈论着有关永恒的话题。侍者端咖啡来时我礼貌地道谢，然后继续让雨中的哲思笼罩身心。

坐在咖啡厅外边的雨篷下，我默默地看着他们走远，然后在雨幕里消失成一个若有若无的墨点。那把雨伞很稳，很稳，仿佛只要两个人在一把伞下，撑起的便是整个世界。

雨停的时候我走出罗素的世界，看见塞纳河边行走的年老妇人，苍老而美好。

在法兰西所衍生的所有情愫，都叫作浪漫。

英伦温暖

本来以为会看见柯南·道尔笔下阴沉的雾都，但是下了飞机，看见的只是很平常的都市形象。雨在这里变得更加优雅而宁静。

雨丝密密地斜织，走进一家邮局，给自己寄一封信，信封的图案是大本钟，完美的巴洛克。看着信封上的邮票发怔，维多利亚时代的遗留，今世竟随着信里的温暖穿越海洋，掠过山峦，直到世界的每一个角落。小小的纸片也能寄托如此沉重的情感。

有时候想想，世事还真的很奇妙。

对面街道的橱窗有雨点的痕迹，店里打着温暖的黄色灯光，亚麻的围巾，还有图案看上去很舒服的长衬衫。这便是英国的魅力吧，不是浓烈如玫瑰的爱，只是淡淡的柠檬香，优雅，带着一点儿布尔乔亚的味道，就像干花，有着历久弥香的魅力。

沿着李尔王苍凉的足迹，循着道林·格雷唯美的身影，站在英格兰绵延不绝的九月阴雨中，我闻到一种特别的情愫，叫作温暖。

西班牙情调

想起西班牙，就想起海明威，中间联系的纽带是斗牛。

在一个雨天来到斗牛场，庆幸错过了斗牛的季节，否则我会不知如何面对带着血腥味的场景。看过《斯巴达克斯》，知道在斗牛场上力量搏击、生命交战的背后是一种可怕的漠视。

《老人与海》里，老人与大海搏斗，这是强者与强者的战斗，即使失败也无怨无悔。可是斗牛呢？实力本来不等，再大的胜利也是苦涩的。这是个沉重的话题，也可能会是个无解的问题。抑或是这本与道德意义无关，只是一场心灵的放纵。可能有人会说这比堂吉诃德的冒险更加无意义，但是西班牙的魅力就在于此，就是对任何事情都可以随意地对待，跟着自己的心，无论去哪里。

那天冒着雨去看弗朗明哥舞，舞者在跳《卡门》，黑色裙子，红色玫瑰，那是西班牙独有的开放与自由。繁复的旋律，扣人心弦的舞蹈，舞者发际颤动的花饰，赞叹的低语，此景只应天上有。

路过布尔戈斯大教堂，情不自禁地停步，你说，前面的这道拱门，是否有卡门的后代悄悄经过，带着美丽而妖艳的微笑？那样的微笑，便是冷雨，也融化得开。

西班牙的情调，就是这样自由奔放的热烈。无关风雨，无关时间。

尾　声

一张一张地整理自己拍的照片，斜阳、鸽子、尖塔，水晶一样的湖边有百年的城堡，萍水相逢的友人，某个夜晚点的热巧克力，热气模糊了玻璃……还有每个城市必不可少的雨景，淅淅沥沥淅淅沥沥。

雨里，人依旧。

雨里，情愫暗生。

潮 流

缪佳园

潮流？很难下笔的题目，就像是一个擅长拍摄文艺片的导演，用惯常的慢节奏、长镜头、偏折的光线打在画面上时，突然碰到一些时下流行的词语，于是猝不及防，不知所措。

也许我们的文字永远浸没在弥漫着温馨感觉的甜酒里，长久贮藏，永远飘香，没有办法抓住时代前行的身影，让那黑色的分子一缕一缕从指缝间漏过，不得不忘记了它们是什么。

张爱玲也许算是潮流的。我可以想象她穿着旗袍走在上海弄堂里的样子，摇曳着婀娜的姿态淋漓尽致呈现了当时灯红酒绿歌舞升平的上海滩。均匀敲击地面的高跟鞋的声音难道不是时代有力的跳动脉搏吗？但她也可以沉默，潮流并不意味着喧闹，荡漾在肌肤里、血液里，依旧可以成为主流。在夏夜的傍晚，月朗星稀，也只有她一个人眺望远方，目光直射在某人的影子上，没有人知道她在看什么，也许她自己也不知道。

我一直认为潮流是时代的附属，就这样静静地寄生在时代某个不起眼的角落，此去经年黯然收场。就像夜晚的一杯爱尔兰咖啡，用精心雕饰的器皿呈现的却是一份宁静，抿上一口，香溢齿间，感觉自己是如此真切地荡漾在这个世界里，漂泊的心也就永久停泊在那个熟悉的港湾里。

而潮流又是如此优雅地孕育着思想，淡然到没有一丝时代的痕迹，没有一丝焦油的味道。它可以多元地作为某种物质存在，每个人都有不同的感觉，就像槲寄生保佑着大地，任何一个微妙的愿望都可以成为难以割舍的记忆。

潮流不是阳光，它是月光。经过过滤得到最澄澈的液体，融入精神。它也可以不用价值衡量，不用华丽装饰，简单地跟随时代，孕育思想，成为永恒。

当我们用文艺片的角度来观看潮流时，也许我们去除了冗长的情节，只是一味地用最真、最纯的手法诠释它所代表的一切。我仿佛可以嗅到它的气息，优美又恰到好处。就用最适合的光线偏折的角度看待潮流，聆听发自自然的声音，这不仅仅是当今的潮流而且是可以跨越时代的。

它是潮流！永恒飘散……

烟 花 冷

王雪妍

一

多年以后,我仍然能够依稀记得,你我初遇时的场景。那天正是元宵佳期。京城人声鼎沸,花市灯亮如白昼,你拉着我,去巷尾看灯会。我们一起猜谜,放孔明灯,你看着街上来往行人均戴着面具,也同我一齐去买。

后来逛累了,我们便坐在屋顶赏柳梢头的明月。你安静地坐在我身旁,看着街市,突然说了一句话:

"浮生面具三千个,谁人共我长歌。"

我转头看你。你蚕眉微蹙,双拳深握,眼底的涟漪映衬着无奈而忧伤的面容。

我自然是不敢问你什么的,我虽是低品官员家的小姐，但始终敌不过你袖口繁贵缜细的金线。我知道，所以更加清楚自己的立场。况且，你我并不相识，有的仅仅是结伴看灯的邂逅。

后来的回应已不记得，只想起不久后在月旁爆开的烟花，如火如荼，你在我身旁，英俊若刀削般的侧脸即刻染上忽明忽灭的光。

你看烟花，我却看着你。心底有什么卑微的欲念，已慢慢生了根。

二

我最喜欢你在我弹琴时吹洞箫合鸣的模样。那璟璟之玉恰与你清雅脱俗的气质相映生辉。我看到痴傻，偶尔拨错琴弦，你也毫不在意，总是微笑着重来一次。梨涡浅荡，令我魂牵梦萦。

有时你也只看我弹琴。手执醴酒，轻声指点。有时心情颇佳也同我讲有关的故事。伯牙与子期的《高山》《流水》，韩娥的余音绕梁三日不绝，或是司马相如的《凤求凰》，化蝶的《梁祝》。我听得津津有味，回味无穷。

某次我竟在你面前大胆地奏了《越人歌》。其大胆之处并不是别的什么，而是它表达了我的心境——山有木兮木有枝，心悦君兮君不知。我知道你听出来了，你一定听出来了，不然当时怎会低首不语，陷入深深的沉思。

那日的天本是晴朗无云,但不久便下起倾盆大雨,豆大的雨点,密密地砸落。你未曾告辞,便急急离去,大雨将你淋了个通透彻底,你也没有接过我手中递出的油伞。

之后便很久没有再来过。我常常坐在院中等待,起初不成形的欲念也渐渐变为倾心与牵挂。但我清楚你是王孙贵胄,自己又怎能妄自高攀。

那依旧卑微而隐忍的情意,覆在心上,像一片连呼吸都疼痛的旧伤疤。

三

再见你似乎已是数月后的事。

那日你着急地寻找,披坚执锐,目光殷切。我问你为何至此,你只是执起我的手,将玉箫放下,道:"你等我,你等我消灭敌军,我定然回来娶你。"语气笃定而坚决,像在许诺重要的誓言。

我信了,并且毫无犹疑。我见你指挥六军浩荡出发,尘土飞扬,狂风吹散了迷蒙的前方。

那是我的前方。君子于役,不知其期。我只有等下去,也许是几个月,甚至是数十载。我只能等下去。

你可知,纵使是今,那深藏在心底的思念,亦是毫无偏颇,我并不介意你是否功成名就凯旋,只要你回来,再回到我身边,我便再无奢求。那一句誓言像一株救命稻草悬在心底,支撑着我摇摇欲坠的希冀。

一日复一日,春去春又来。我时常眺望远处群山旁高耸的浮屠塔。原本静穆的古色也愈见腐蚀成光怪陆离的斑驳。四下阒然,极远之处似有两个人在琴箫共鸣,还有女子低低的讴吟。

我只能天天暗自祈祷你战若貔貅,尽早归来,即使倍受诮呵,我亦是甘之如饴。

四

这年又是元宵,月与灯依旧,我孑然在嘈杂的人群中穿梭。忽而有少年在身旁笑闹着跑过,神情竟与当年的你十分相似。我不由得停下脚步,掀起无限思量。

要知道,有些事你也怪不得我。我放弃坚守,只不过再也看不清那渺无涯际的等待,而如坠云里雾中。多年后,我终是嫁为人妇,不愿一世蹉跎。

辗转半生,花开至荼靡又匆匆凋谢。一盏残灯,照不亮心底黯然的倒影。城门外还盘踞着起初葱郁而如今苍朽的树根。它垂垂老矣,之上一圈又一圈的年轮似是记录了我一年又一年无望的等待。

烟花四起。我抬首仰望,恍若隔世。心下倏而悲恸万分,终是在大街上旁若无人地失声痛哭。

难舍也罢,不甘也罢。我如今的椎心泣血,也不过是因为深深的眷恋。

烟花在空中渐渐冷却为缥缈的虚烟，而我也应该明白，那所谓的木已成舟。

五

深秋的时候，我去了趟常被眺望的浮屠塔。它已处处断壁残垣，颓败的青石板上，落满了泥泞的梨花与秋叶。我心下怅然，又因突遇绵雨，只得去了浮屠塔旁的伽蓝寺。

寺中青灯古盏，木鱼声脆。我寻到一年事已高的僧侣，问道："大师，我与人暌离多年，为何始终放之不下。"

大师问道："敢问施主，此人现身在何处。"

……马革裹尸，长眠于大漠烟土。

大师长叹一声，语境缥缈："生死相离，轮回不歇，施主又何必兀自惆怅，枯等多年……有时人世间刹那的缘分，便已至永恒之时。"

我突然明白了什么。

转头向外望去，窗幔拂起，镂刻的木窗外山色空蒙，雨声连绵不绝，像谁终终归来的马蹄声。我握了握手中那依旧温润的玉箫，眼前闪现的，是一场踏不碎的盛世烟花。

美好的旅行

陈　玺

换掉我身上的旧电池
感情的界限已到此为止
放心这并不是什么末日
世界还是老样子
　　　　　　——题记

　　总是幻想着自己的初三是轰轰烈烈的，于是总在日记里写着：九月一号我就要开始崭新的生活，要拼搏，必胜。最后还不忘画上个笑脸。

　　可是当学校的钟声再次在我耳边盘旋的时候，我才意识到，"初三"这个敏感的字眼变得如此平淡。

　　这间见证了几届毕业生的教室，终究开始上演了我们的故事，在这里，每个人都是主角，每个人都有上镜的权利。而镜头几乎是一般模样，大家都在埋头苦读，连下课简短的十分钟都不放过，教室里的空气明显凝重了，我压抑得连喘息的机会都没有。

日子平平淡淡正正常常地往前跑，每一天的阳光都是清新的。电视里的《新闻联播》依然按时播放，操场的人们每天沿着红色的跑道飞奔着，升旗仪式课间操也没有因为初三的到来而终止。一如既往地，我每天清晨背着书包走着那条熟悉的小路去上学，每天正午在钟声的陪伴下带着饥肠辘辘的肚子顶着炎阳走进家门，每天晚上在台灯的照耀下在冷气的吹拂下握着滑润的水性笔填满一张张空着的练习卷。

数学老师仍然带着义不容辞的语气讲完二次根式，然后就是测试；英语老师仍然挂着活泼的笑脸讲了课，一个单元就在她温柔的声音里接近尾声；语文老师仍然坚持他"微服出巡"式的提问方式。除此之外，还有化学老师、物理老师、历史老师和政治老师，他们都用快速的语气，换来了我笔记本上密密麻麻的字和即将到来的月考。

生活依然在继续，只是这条路的终点有一个检查站，而检查站的出口，是另一条路的入口，无论如何，我们都希望路的终点春暖花开。

我愿意把初三看成是一场美好的旅行，在这场旅行中，我会学到很多我以前学不到的坚强与毅力，我会在沿途看见许多美丽的风景，偶尔被路石绊倒跌跤，也要学会自己爬起来,这场美好的旅行啊,在未来的回忆里会变得温暖而又珍贵。

"初三是每个人美好的旅行,泪水和笑声都尽收眼底,伤心时旅行逆着风前进。"

墙 上 文 化

郭 喆

假若生命需要有完整流畅的条框，那便是一面墙，写满梦与希望，一路伴我且行且唱……

夕阳欲止而光不熄，在深紫与明红的对撞中，是谁用穿透岁月深邃的目光洞察着我，洞悉着这世界，就像我的执着凝视，凝视着沧桑，追溯上古的洪流。

八达岭的长城是旅途的第一站，在这里，不是我注视长城，而是这城墙对我投来历史的厚重的目光，那是一种询问："莫非你看不见我满身的伤使中华民族愈演愈长？"那是一种诘难："此时站在眼前的人啊，你怎可以卸下身上的重担，以浮云般的眼神翻动历史的书页，以拈花的手指掸拂历史的尘灰？"夕阳下，沉重的影落在地上，沉重的责任悄然地挂在心上。

我想，我终于明白"手印"下的辉煌。诗人说："纵使翻动的艰难，但这份手印便见证一代人的辉煌。"在这里，这面墙，每一只手印下都盛满韶光，伴着墙下的束束白菊散发出醉人的馨香。

在南京大屠杀纪念馆，我面对着这堵墙，这里，是旅途的第二站。这里，不仅旧人走得艰难，新人依旧难以举步。因为鲜血浸染着沃土，白菊告慰着英魂；因为生命推动着历史的车轮，鲜血书写下时代的篇章。因为，这里有一代人，他们的手印在墙上辉煌。晨曦中，我的目光和他们找到一种契合，有种力量在心底，潜滋暗长。

新月，弯弯长长，鬼魅般的身量。夜之精灵在这城市里扭动，踏出比心跳更富节奏的律调。你为何身着七彩仍觉秀不出少年的张狂，你为何变化多端仍觉舞不出青春的乐章。

在旅途的第三站上海，我看到了怎样的一面墙！明黄靛紫，赤红浅绿……紧紧张张拼凑起一张张匆忙的脸、一段段律动的乐音、一幅幅抽象的画作，比月亮还大的星星和比楼宇更高壮的巨人。此刻的心已跳动不下这份年轻的冲动，此刻的梦已承载不了这份宏阔的理想。在这里，我嗅出很久以前就弥漫的金属气息，也嗅出很久以来不曾出现的味道，叫作希望或梦想。

或许，最真实的便是空白。

哲人说："别人的色彩是别人的心，你需要的不是一幅既成的名作，而是一张可供自由发挥的白纸。"

现在，眼前就有一面墙，纯净的白，有如白纸一般矗立在眼前，久久地等待，等着我落笔，留下浓墨重彩。

旅途中，遇见许多的墙：
有的哭，有的笑；
有的欢欣，有的烦恼。
我在其中走过，
看见的，
是历史还有自己的轮廓，
被许多的文化，
氤氲出最美的氛围。